세상 쉬운

부모님을 위한
스마트폰
무작정 따라하기

박철우, 방윤철 지음

길벗

세상 쉬운
부모님을 위한 스마트폰 무작정 따라하기
The Cakewalk Series-The Basics of Smartphone for Seniors

초판 발행 • 2023년 8월 21일

지은이 • 박철우, 방윤철
발행인 • 이종원
발행처 • (주)도서출판 길벗
출판사 등록일 • 1990년 12월 24일
주소 • 서울시 마포구 월드컵로 10길 56(서교동)
대표 전화 • 02)332-0931 | **팩스** • 02)322-0586
홈페이지 • www.gilbut.co.kr | **이메일** • gilbut@gilbut.co.kr

기획 및 편집 • 연정모(yeon333718@gilbut.co.kr) | **디자인** • 박상희
영업마케팅 • 전선하, 차명환, 박민영 | **제작** • 이준호, 손일순, 이진혁, 김우식
영업관리 • 김명자 | **독자지원** • 윤정아, 최희창

전산편집 • 김정미 | **CTP 출력 및 인쇄** • 교보피앤비 | **제본** • 경문제책

ISBN 979-11-407-0604-4 03000
(길벗 도서번호 007168)

정가 22,000원

독자의 1초를 아껴주는 정성 길벗출판사

길벗 • IT단행본, IT교육서, 교양&실용서, 경제경영서 www.gilbut.co.kr
길벗스쿨 • 어린이학습, 어린이어학 www.gilbutschool.co.kr

페이스북 ▸ www.facebook.com/gilbutzigy
네이버 포스트 ▸ post.naver.com/gilbutzigy

일상 필수품이 된 스마트폰
그런데 정말 '스마트'하게 활용하고 있나요?

스마트폰으로 택시를 부르고, 계좌에 송금하고
남들은 다 뚝딱 편리하게 사용하는 것 같은데
나만 쩔쩔매는 것 같아 머쓱했나요?

매번 자녀에게 물어보기도 멋쩍었다면
지금 책장을 넘겨 보세요.

모르고 넘어갔던 스마트폰의 필수 설정부터
한 끗이 달라지는 카메라와 갤러리 활용법,
카카오톡이나 쿠팡 등 유용한 앱 이용 방법까지

한 장 한 장,
새로운 기능을 익히다 보면 자신감이 자라날걸요?

망설이지 말고 시작해 보세요.
생활이 눈부시게 달라질 거예요.

저자의 말

우리 부모님들 그동안 스마트폰 때문에 얼마나 골치 아프셨습니까?

젊은 친구들은 스마트폰 하나로 별의 별것을 다 하는 것 같은데, 흉내 낼 엄두조차 나지 않았나요? 동년배의 친구가 스마트폰을 잘 다루는 모습을 보면 소외감도 느끼셨을 거예요. 아들, 딸에게 물어보는 것도 한두 번, 누구 하나 속 시원하게 알려주지 않아 늘 답답하셨죠?

이 책은 5070 부모님들의 자존감을 높여드릴 책입니다. 이제 누군가에게 아쉬운 소리 할 필요 없고, 지레 포기할 필요도 없습니다.

혼자서도 차근차근 따라 할 수 있도록 친절하게 설명했습니다. 글로 이해하기 어려운 부분은 곳곳에 있는 QR 코드를 통해 동영상 강의를 시청하는 것도 좋습니다.

우선 스마트폰의 외관 및 기본적인 작동 방법을 살펴보고, 다양한 설정을 내게 맞춰 변경하는 요령을 알아보겠습니다. 스마트폰의 가치를 높여주는 '앱'에 대해서도 자세히 배워 봅니다.

이어서 간단한 기능밖에 사용하지 못했던 인터넷, 카카오톡, 카메라, 유튜브 등을 다양하게, 그리고 깊이 있게 즐길 수 있습니다. 또한 스마트폰으로 쇼핑, 배달 주문, 결제 등을 해 보며 스마트한 5070에 도전해 보겠습니다.

이렇게 이 책을 끝까지 따라하고 나면 삶에 어떤 변화가 찾아올 것입니다. 일상 속 많은 일들을 스마트폰으로 해결할 수 있게 되므로, 자신 있고 긍정적인 태도를 갖게 되실 거예요. 스마트폰은 더이상 '계륵'같은 존재가 아니라 다정한 '친구'가 되어 있을 것입니다.

이 책을 쓰며 사실 반성의 마음을 느끼기도 했습니다. 10년 동안 스마트폰 활용법뿐만 아니라 영상 제작 및 유튜브 활용에 대한 다양한 강의를 해 오면서도, 정작 70대인 저의 부모님이 스마트폰을 잘 다룰 수 있게 도와드리지는 못했기 때문입니다. 저에게 물어보는 것을 조심스러워하시던 제 부모님께도 이 책을 바칩니다.

시간과 장소에 구애받지 않고 무한한 정보와 즐거움을 선사해 줄 스마트폰! 스마트폰의 세계를 지금부터 구석구석 여행해 보겠습니다.

준비되셨나요?

그럼 설레는 마음 안고 스마트하게 출발!

2023년 박철우

▶ 박철우

LG전자 휴대폰 소프트웨어 개발자로 일하다가 현재는 스마트폰 활용 전문 강사로 살고 있습니다. 지난 10년간 굵직굵직한 기업이나 공공기관, 지자체, 단체, 학교 등에 약 3,000회 출강하여 스마트폰을 활용해 영상 크리에이터가 되는 노하우에 대해 전파해왔고, 유튜브 수익화 컨설팅을 약 200회 진행했습니다. 또한 《스마트폰으로 영상 만들기》, 《스마트폰 영상 촬영 + 편집 무작정 따라하기 with 키네마스터》를 집필하였고, 유튜브 채널 〈유캔유튜브〉를 활발히 운영하고 있습니다. 퇴직예정자나 퇴직자, 제2의 인생을 꿈꾸는 50+ 세대의 눈높이에 맞는 교육과 컨설팅을 진행하고 있습니다.

▶ 방윤철

배우로 시작하여 영화와 광고 연출 그리고 다양한 영상을 제작한 커리어를 바탕으로 다양한 세대와 환경의 사람들에게 도움을 줄 수 있는 스마트폰 활용 제작 강의를 진행하고 있습니다. 8년간 많은 강의를 진행하면서 디지털 소외없는 스마트한 세상을 목표로 기술의 편리함을 전달해왔습니다. 아울러 '누구나 쉽게 이해할 수 있는 실용적인 스마트폰 가이드'를 모토로, 디지털 기기를 낯설어하는 디지털 초심자들을 성공적인 스마트 라이프로 이끌기 위해 스마트폰을 활용한 다양한 실험을 진행하고 있습니다.

저자 유튜브 채널을 소개합니다

www.youtube.com/@ucanyoutube

✓ 저자 박철우가 직접 운영하는 유튜브 채널
✓ 유튜브 성공 전략&스마트하게 마스터하는 영상 제작 콘텐츠 업로드
✓ 50+ 세대들의 눈높이에 맞는 콘텐츠 기획 및 제작

스마트폰 카메라로 QR 코드를 비춰 ▶
저자의 유튜브 채널에 방문해 보세요

책 미리보기

이번 시간에 배울 내용을
미리 살펴봅니다.

꼭 알아야 할 스마트폰
기초 상식을 익힙니다.

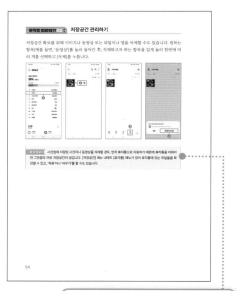

헷갈릴 수 있는 부분은
Tip으로 짚어 줍니다.

더 알아 두면 좋은 내용은 **잠깐만요**
에서 만나 보세요.

QR 코드를 통해 저자의 영상 강의를 바로 시청할 수 있습니다.

전문가의 친절하고 꼼꼼한 설명과 함께라면 어렵지 않습니다.

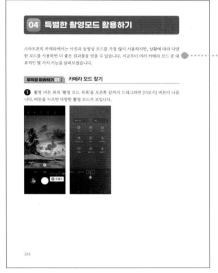

무작정 따라하기에서는 실제로 스마트폰을 들고 실습해 봅니다.

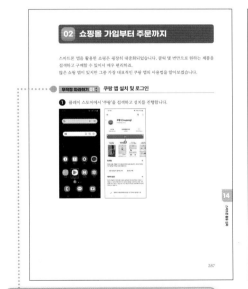

쇼핑, 배달 앱 등 생활 필수 앱 사용 방법을 익히면 일상이 즐거워집니다.

목차

첫째 마당 | 스마트폰 기초 탐구

01 스마트폰의 진화

02 스마트폰은 어떻게 생겼는가?

03 스마트폰 구매 후 체크해야 하는 것들

04 스마트폰 설정 살펴보기

09 카카오톡 활용 심화

넷째 마당 | 스마트폰 카메라 마스터

10 카메라 200% 활용하기

11 갤러리 관리하기

이것만은 꼭! 핵심 Q&A

▶ 영상 강의 무료 제공

혼자 공부하다가 헷갈리는 내용이 있다고요? 걱정하지 마세요!
이 책에는 영상 강의를 시청할 수 있는 **QR 코드**가 실려 있습니다.
친절하고 꼼꼼한 강의를 보며 스마트폰 자신감을 길러 보세요.
또한 저자 유튜브 채널 <유캔유튜브>에서도 영상을 모아 볼 수 있습니다.

QR 코드를 스마트폰 카메라로 비추어섹션 10, 11의 영상 강의를 시청해 보세요. ▶

204

❓ 무엇이든 물어 보세요!

문의사항이 있을 경우 길벗 홈페이지의 [고객센터] - [1:1 문의] 게시판에 질문을 등록해 보세요. 길벗 독자지원센터에서 친절하게 답변해 드립니다.

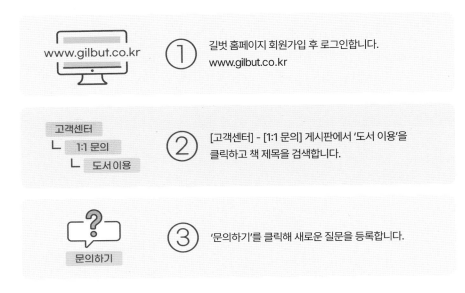

www.gilbut.co.kr

① 길벗 홈페이지 회원가입 후 로그인합니다.
www.gilbut.co.kr

고객센터
└ 1:1 문의
　└ 도서이용

② [고객센터] - [1:1 문의] 게시판에서 '도서 이용'을 클릭하고 책 제목을 검색합니다.

❓
문의하기

③ '문의하기'를 클릭해 새로운 질문을 등록합니다.

스마트폰 기초 탐구

01

"내 삶을 바꿔 줄, 주머니 속 스마트폰"

스마트폰의 진화

1990년대 중반 인터넷이 급격히 발전하면서 1990년대 후반부터 개인용 컴퓨터(PC; Personal Computer)를 이용하는 사람들이 많아졌습니다. 2000년대 후반, 전화나 메시지 기능 위주의 휴대폰에 컴퓨터 기능이 더해진 스마트폰(SmartPhone)이 개발되면서, 바야흐로 스마트폰의 시대가 밝았습니다.

이후 엄청난 발전을 거듭한 지금, 스마트폰이 없는 삶은 상상하기 어려울 정도로 스마트폰의 가치는 굉장해졌습니다. 그럼에도 불구하고, 컴퓨터를 먼저 접하고 컴퓨터 활용에 익숙했던 5070 세대들에게 스마트폰은 여전히 불편하고 어려울 때가 많습니다.

잘 활용하면 삶이 눈부시게 바뀌는 스마트폰의 세계로 한걸음 내딛어 볼까요?

QR 코드를 스마트폰 카메라로 비추어 섹션 1, 2, 3의 영상 강의를 시청해 보세요. ▶

01 최초의 스마트폰은?

전화나 문자메시지 사용을 위한 기기였던 휴대폰에 카메라가 탑재된 것은 2000년쯤의 일입니다. 휴대폰은 음악을 듣거나 게임을 하고 TV를 보는 등의 다양한 기능을 담은 기기로빠르게 진화했습니다.

▲ 초기 휴대폰

▲ 음악, 게임, TV로 활용이 가능했던 휴대폰

2000년대 중반에는 컴퓨터처럼 키보드가 달린 휴대폰이 출시되기 시작했고, 드디어 2000년대 후반부터는 화면 터치가 가능하고 인터넷 속도와 안정성이 대폭 업그레이드된 '스마트폰'이 하나씩 세상에 나왔습니다.

최초의 스마트폰이 무엇인지에 대해서는 의견이 엇갈리지만, 초창기의 '실험적인' 스마트폰들을 많이 접해 보았던 필자 입장에서는 애플이 2007년에 출시한 아이폰이야말로 진정한 스마트폰의 시작이라고 생각합니다. 아이폰은 기술적인 면에서 이전 기기들에 비해 눈에 띄게 진일보한 모습을 보여 주었습니다.

▲ 키보드가 달려 있던 휴대폰

▲ 진정한 최초 스마트폰 '아이폰 1세대'

02 스마트폰의 종류

현재 대한민국 사람들이 가장 많이 사용하는 스마트폰 제조 회사는 삼성과 애플입니다. 2022년 기준 평균 75% 정도가 삼성의 스마트폰을 사용하고 있으며, 평균 25% 정도가 애플의 스마트폰을 사용하고 있습니다.

2023년 6월 기준으로, 삼성 스마트폰의 대표적인 모델은 '갤럭시(Galaxy)' 시리즈인데, 갤럭시S(고급형)/갤럭시A(보급형)/갤럭시Z(폴더형)로 나눠집니다. 세 가지 유형 안에서도 모양과 디스플레이 크기, 성능, 저장용량 등에 따라 모델명이나 가격이 다릅니다.

▲ 갤럭시 S23 세 가지 유형 (일반, 플러스, 울트라)

애플의 스마트폰은 '아이폰(iPhone)'이라 부르며, 보통 1년 주기로 새로운 시리즈가 출시됩니다. 삼성 갤럭시 시리즈와 비슷하게, 한 시리즈 안에서도 각각 크기와 성능, 가격이 다른 여러 가지 유형으로 다시 나눠집니다.

▲ 아이폰 14 네가지 유형 (일반, 프로, 맥스, 프로맥스)

또한 삼성의 스마트폰은 '안드로이드(Android)'라는 운영체제(OS; Operating System)를 사용하고, 애플은 자체 개발한 'iOS'를 사용하기에 두가지 스마트폰의 조작 방법 및 활용 요령에는 다소 차이가 있습니다. 이 책에서는 삼성의 '갤럭시' 스마트폰을 기준으로 설명할 예정입니다.

PC에 비해 스마트폰은 탁월한 휴대성을 가졌지만, 동시에 화면 크기가 상대적으로 작기 때문에 특히 5070 세대들에게는 불편하게 여겨져 왔습니다. 그래서 최근 폴더블 폰이나 롤러블 폰, 스위블 폰과 같이 화면이 커진 스마트폰의 등장이 반갑게 느껴지기도 합니다.

▲ 폴더블 스마트폰

▲ 더블 폴더 스마트폰

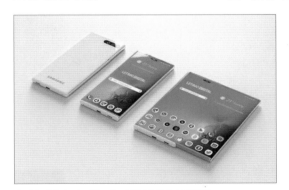

▲ 롤러블 스마트폰 또는 슬라이더블 스마트폰

▲ 스위블 스마트폰

스마트폰으로 할 수 있는 것들은 셀 수 없을 정도로 많은데, 대표적인 것들을 나열해 보면 다음과 같습니다.

• **통화**: 네트워크(인터넷)에 연결되어 있다면 누구와도 음성 또는 영상으로 통화할 수 있습니다. 스마트폰 자체에도 영상 통화 기능이 있지만, 보통 같은 제조사의 스마트폰끼리만 가능합니다. 하지만 카카오톡이나 줌(Zoom), 스카이프(Skype)과 같은 별도의 앱을 이용하면 기종과 관계없이 영상 통화를 할 수 있습니다.

▲ 음성 통화

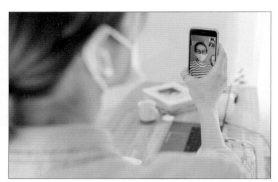
▲ 영상 통화

• **메시지**: 스마트폰 자체 기능 중 하나인 '문자 메시지'로 글자 형태의 소통이 가능하고, 그 외에도 '이메일'이나 '카카오톡 채팅' 등을 통해서도 다른 사용자와 메시지를 주고 받을 수 있습니다.

▲ 문자 메시지

▲ 이메일

- **인터넷 검색**: 대한민국의 인터넷 보급과 접속 속도는 세계에서도 손꼽힐 정도로 뛰어납니다. 언제 어디서든 스마트폰으로 원하는 정보와 지식을 탐색할 수 있습니다. 대표적인 포털 사이트에는 '네이버'와 '다음', '구글'이 있습니다.

▲ 인터넷 검색

▲ 인터넷 검색

- **미디어 접근**: 신문이나, 라디오, TV 등을 통해서 접하던 뉴스, 음악, 방송 등을 이제는 스마트폰 안에서 자유롭게 즐길 수 있는 시대입니다. '인스타그램', '페이스북', '유튜브' 등 다양한 SNS(Social Network Service; 소셜 네트워크 서비스) 채널들을 통해 풍부한 미디어 콘텐츠를 접할 수 있습니다.

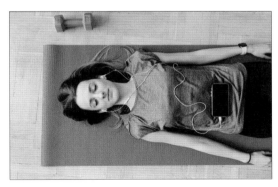

▲ 음악 감상

▲ 동영상 시청

- **카메라 활용**: 스마트폰에 내장되어 있는 카메라로 사진과 동영상을 촬영할 수 있습니다. 내가 촬영한 사진이나 동영상을 '문자 메시지'나 '이메일', '카카오톡' 등으로 다른 사람에게 공유하는 것도 가능합니다. 더 나아가 사진 보정이나 영상 편집까지도 얼마든지 스마트폰 하나로 할 수 있습니다.

▲ 사진 촬영

▲ 동영상 촬영

• **길 찾기**: 스마트폰은 GPS 수신이 가능하기에 지도를 보며 길을 찾아갈 때 유용하게 활용할 수 있습니다. 도보, 자전거, 승용차, 버스, 지하철 등 다양한 수단으로 이동하는 방법을 상세히 알 수 있고, 택시나 기차, 항공 등의 교통 수단 예약도 가능합니다.

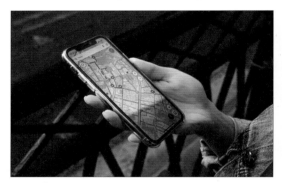

▲ 지도 활용

▲ 내비게이션 활용

• **쇼핑**: 스마트폰만 있으면 시장이나 마트에 방문하지 않아도 식료품을 쉽게 구매할 수 있습니다. 상품 매장에 직접 가지 않아도 심지어 해외에 있는 제품까지도 내가 있는 곳에서 구매가 가능합니다. 이 책에서는 '네이버'와 '쿠팡'으로 쇼핑하는 방법을 다룰 예정입니다.

▲ 스마트폰으로 쇼핑하기

▲ 스마트폰으로 쇼핑하기

• **주문**: 대한민국의 배달 시스템은 정말 훌륭합니다. 먹고 싶은 게 있을 때 산간오지만 아니라면 배달 앱을 통해 스마트폰으로 음식 배달 주문이 가능합니다. 뿐만 아니라, 요즘 프랜차이즈 카페들은 전용 앱이 있어 스마트폰으로 음료나 음식 주문이 가능합니다. 사람들이 많이 붐비는 시간에 줄을 서지 않고 테이블에 앉아 주문한다면 너무 편하겠죠?

▲ 스마트폰으로 음식 배달 주문하기

▲ 카페에서 스마트폰으로 주문하기

• **은행 및 카드 이용**: 송금이나 잔액 확인, 계좌 개설이나 대출 신청 등 다양한 은행 업무도 스마트폰으로 가능합니다. 또한 이제 스마트폰이 신용카드 역할을 하기도 합니다. 바쁜 시간을 쪼개 은행에 가지 않아도 되고, 깜빡하고 지갑을 집에 두고 나와도 당황할 일이 없습니다. 스마트폰이 늘 우리 주머니 안에 있으니까요.

▲ 스마트폰으로 은행 업무 보기

▲ 스마트폰으로 현장에서 결제하기

위에서 언급한 예시 외에도 스마트폰으로는 문서 스캔하기, 건강 체크하기, 메모하기, 독서하기, 그림 그리기, 운동 따라하기, 언어 학습하기 등 여러분이 상상하는 그 이상의 작업이 가능합니다. 처음부터 너무 욕심을 부리기보다는 앞으로 펼쳐질 책의 내용들을 보며 그때 그때 따라해 보는 것을 권해드립니다.

스마트폰으로 더 편리하고 즐거워지는 일상, 지금부터 함께 시작해 볼까요?

02

"컴퓨터보다 쉬운 스마트폰 겁낼 필요 없어요!"

스마트폰은 어떻게 생겼는가?

남들은 스마트폰의 기능을 다양하게 잘 사용하는 것 같은데, 나만 모르는 것 같나요?

컴퓨터는 이것저것 누르는 게 익숙한데, 스마트폰은 뭘 눌러야 할지 감이 안 잡히시죠?

오래된 스마트폰 새 것으로 바꾸었는데 어떻게 적응하고 설정해야 할지 막막하시죠?

조금만 배우고 적응하시면 스마트폰은 컴퓨터보다 훨씬 쉽고 간단합니다. 생활 속 많은 일을 도와 주기도 하고요.

스마트폰과 친해지기 위해 일단 스마트폰의 겉모습부터 살펴보시죠! 스마트폰의 버튼은 어떤 역할을 하는지, 구멍에는 무엇을 끼우는 것인지, 카메라는 어디에 달려 있는지 말이죠.

종류가 다양하다 보니 생김새는 조금씩 다를 수 있지만, 버튼의 위치만 다를 뿐 기능은 크게 다르지 않으니 걱정하지 마세요!

* 이 책에서는 안드로이드 갤럭시 폰 사용자를 기준으로 설명드리는 점을 참고해 주시길 바랍니다.

01 스마트폰의 버튼

기종마다 차이가 있기는 하지만, 스마트폰에는 세 개 혹은 네 개의 하드웨어 버튼과 세 개의 소프트웨어 버튼이 있습니다.

이 버튼들은 각각 기본적인 기능을 가지고 있으면서, 그 외에도 여러 방법으로 조합해 단축키처럼 다양하게 활용됩니다.

> **Tip** │ '하드웨어 버튼'은 스마트폰 겉에 달려 있는 버튼을 말합니다. 반면 '소프트웨어 버튼'은 스마트폰 화면 속에서 누르는 버튼을 말합니다.

▲ 하드웨어 버튼   ▲ 소프트웨어 버튼

구분	명칭	위치
하드웨어 버튼	음량 버튼(상하)	(최신 기종) 화면 기준 오른쪽 (구형 기종) 화면 기준 왼쪽
	측면 버튼	(최신 기종) 음량 버튼 아래 (구형 기종) 화면 기준 오른쪽
	빅스비(음성인식 기능) 버튼	(최신 기종) 측면 버튼을 길게 눌러 실행 (구형 기종) 음량 버튼 하단의 별도 버튼
소프트웨어 버튼	최근 실행 앱	화면 기준 하단 왼쪽
	홈	화면 기준 하단 중앙
	뒤로 가기	화면 기준 하단 오른쪽

> **잠깐만요!** 여기에서 말하는 '최신 기종'은 갤럭시 S20를 포함한 이후 모델, '구형 기종'은 S10를 포함한 이전 모델입니다.

1 음량 조절하기

측면 긴 버튼의 상, 하를 눌러 벨소리나 음악/영상 재생 시의 음량을 조절합니다.

▲ 최신 기종　　　　　　　　　　　　　　　　▲ 구형 기종

잠깐만요! 오른쪽 예시와 같이, 스마트폰의 기종에 따라 음량 조절 버튼 두 개가 따로 떨어져 있는 경우도 있습니다.

2 전원 끄기

음량(하) 버튼과 측면 버튼을 동시에 길게 누르면 잠시 후 화면에 [전원 끄기] 버튼이 나타 납니다. 이때 [전원 끄기] 버튼을 누르면 스마트폰이 종료됩니다.

잠깐만요! 구형 기종의 경우, 화면 오른쪽 측면 버튼만 길게 누르면 전원을 끌 수 있습니다.

3 전원 켜기

전원이 꺼진 상태에서 측면 버튼을 길게 누르면 잠시 후 전원이 켜집니다.

4 화면 끄기 / 켜기

스마트폰을 사용하다가 측면 버튼을 짧게 누르면 화면이 꺼지고 잠김 상태가 됩니다.
다시 사용할 때는 전과 같이 측면 버튼을 짧게 누르거나 화면을 짧게 두 번 두드리면 화면
을 켜거나 잠금을 해제할 수 있습니다.

5 화면 캡처하기

캡처하고 싶은 화면에서 음량(하) 버튼과 측면 버튼을 동시에 짧게 누르면 화면이 캡처됩
니다.

6 빅스비 실행하기

삼성전자의 갤럭시 스마트폰이라면 버튼을 눌러 인공지능 서비스인 빅스비를 이용할 수 있습니다. 최신 기종은 화면 오른쪽의 측면 버튼, 구형 기종은 화면 오른쪽의 음량 버튼 밑 빅스비 전용 버튼을 길게 누르면 빅스비가 실행됩니다.

▲ 최신 기종

▲ 구형 기종

7 특정 앱 실행하기

측면 버튼을 짧게 두 번 누르면 자동으로 카메라 앱이 실행됩니다. 최신 기종에서는 [설정] 앱 - [유용한 기능] - [측면 버튼] - [두 번 누르기]에서 실행되는 앱을 변경할 수도 있습니다.

잠깐만요! '빅스비'는 삼성전자의 인공지능 플랫폼으로 직접 말하거나 텍스트를 입력하면 나에게 필요한 기능, 정보 등을 보여주는 편리한 기능입니다. '빅스비'를 처음 사용한다면 [로그인] - [계정 생성]을 눌러 새로운 계정을 만든 후 로그인을 해야 합니다.

계정 생성 및 로그인을 마치면 빅스비를 언제든 실행할 수 있습니다.

측면 버튼을 누른 채 원하는 내용을 말하고 버튼에서 손을 떼면 빅스비가 응답합니다. 또는 버튼을 누르지 않고 "하이 빅스비"라고 부른 후 빅스비가 응답하면 원하는 내용을 말합니다. 예를 들어, "OOO에게 전화해줘." 혹은 "오늘 날씨 알려줘." 같은 사용자의 말에 빅스비가 응답합니다.

더 많은 활용법에 대해 알아보고 싶다면 [빅스비 알아보기]를 눌러 자세히 알아볼 수 있습니다.

1 홈 화면으로 가기

스마트폰을 사용하다가 하단 중앙에 있는 소프트웨어 버튼을 누르면 언제든 홈 화면으로 돌아옵니다. 예를 들어, 네이버 앱 실행 중에 홈 버튼을 누르면 한번에 홈 화면으로 돌아올 수 있습니다.

> **Tip** │ 홈 화면은 내가 많이 쓰는 앱과 기능 등을 모아 놓은 화면으로, 스마트폰에서 가장 많이 보는 화면이기도 합니다. 간단히 말해 스마트폰을 실행했을 때 가장 먼저 보이는 화면입니다.

> **잠깐만요!** 구형 기종 중에는 홈 버튼이 화면 밖으로 나와 있는 경우도 있습니다. 스마트폰 기기에 실제 버튼이 달려 있는 것이죠.

2 최근 실행 앱 찾기

스마트폰을 사용하다 보면 몇 가지 앱을 오가며 사용할 때가 있는데 그럴 때 일일이 다시 앱을 찾아 실행하지 않고도 빠르게 앱과 앱 사이를 이동할 수 있습니다.

스마트폰 하단 왼쪽에 있는 [최신 실행 앱] ▥ 버튼을 누르면 내가 최근 사용했던 앱들이 나타납니다. 좌우로 이동하며 원하는 앱을 선택할 수 있죠.

3 최근 실행 앱 정리하기

[최근 실행 앱] ⫿ 버튼을 눌렀을 때, 앱 목록 밑의 [모두 닫기] 버튼을 누르면 사용했던 앱
이 모두 종료됩니다. 최근 실행 앱이 많이 쌓이면 배터리가 빨리 닳거나 스마트폰의 속도
가 느려질 수 있으니, 가끔씩 이 버튼을 눌러 주는 게 좋습니다.

스마트폰에는 두 종류의 구멍이 있습니다. 바로 '충전 단자'와 '이어폰/마이크 단자'입니다.

무작정 따라하기 01 〈 **충전하기**

1 유선 충전

최근의 충전 단자는 'C타입'이 대표적입니다. 대부분의 안드로이드 스마트폰 기종은 'C타입' 충전 단자를 사용하고 있으나, 구형 기종 중에는 '마이크로 5핀' 단자를 사용하는 경우도 있으니 내 스마트폰의 충전 단자를 확인하고 알맞은 충전기를 사용해야 합니다.

▲ C타입 충전 단자

▲ C타입 충전 케이블

▲ 마이크로 5핀 충전 케이블

> **잠깐만요!** 최근 스마트폰의 구성품에 충전기는 포함되지 않는 추세이다 보니 충전기를 따로 구매해야 는 경우가 있습니다. 충전기에도 현재 많이 사용하고 있는 두 가지 타입의 충전기가 있는데 본인이 가지고 있는 케이블의 양 끝을 잘 살펴봐야 합니다.

❶ 케이블의 한쪽이 C 타입 단자이고 다른 한 쪽은 A 타입의 단자를 가지고 있다면 A 타입의 충전기를 써야합니다.

❷ 케이블의 양쪽 모두가 C 타입 단자라면 C 타입 충전기를 사용해야 합니다.

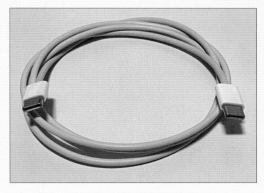 

② 무선 충전

먼저 내 스마트폰이 무선 충전을 지원하는 기종인지 알아야 합니다. 삼성 갤럭시 모델을 기준으로, 갤럭시 S6 / 갤럭시 노트5 기종부터 무선 충전 기능을 지원합니다.

스마트폰 후면의 중앙을 무선 충전기 중앙에 맞춰 올려 놓으면 배터리 잔량이 표시되며 충전이 시작됩니다.

> **잠깐만요!** 무선 충전기는 스마트폰의 구성품에 포함되어 있지 않으니 따로 구매하셔야 합니다.

1 오디오 단자가 있는 경우

동그란 오디오 단자가 스마트폰 하단에 있는 경우, 유선 이어폰을 오디오 단자에 꽂아 사용합니다.

> **Tip** | 오디오 단자에 이어폰뿐만 아니라 마이크를 연결해 사용할 수도 있는데, 이어폰과 마이크를 동시에 사용하는 것은 불가능합니다. 이어폰에 마이크가 달려 있는 경우는 물론 두 기능 모두 사용할 수 있습니다.

2 오디오 단자가 없는 경우

최신 스마트폰에는 오디오 단자가 별도로 존재하지 않는 경우가 많습니다. 이 경우, 충전 단자를 이어폰 단자와 함께 사용하기 때문에 유선 이어폰을 사용하기 위해서는 'C타입 오디오 젠더'를 사용하거나, 이어폰의 끝이 C타입으로 되어 있는 제품을 사용해야 합니다.

▲ C타입 오디오 젠더

▲ C타입 오디오 젠더 연결

▲ C타입 이어폰

③ 무선 블루투스 이어폰 연결

① 무선 이어폰을 사용하기 위해서는 스마트폰의 블루투스 기능을 켜고 무선 이어폰 기기와 연결해야 합니다. 스마트폰의 설정 앱에 들어가 [연결] 메뉴를 누르고 블루투스 항목을 선택합니다.

② '사용 안 함'으로 되어 있다면 오른쪽 스위치를 눌러 기능을 켜고 '연결 가능한 기기' 목록에 내 이어폰 기기 이름이 있는지 확인합니다. 이름이 보인다면 기기를 선택해 등록을 완료합니다. 기기의 이름은 해당 기기의 설명서를 참고하면 됩니다.

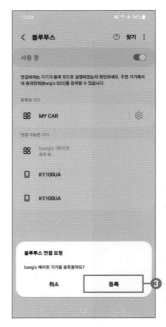

> **잠깐만요!** 기기가 검색 목록에 표시되지 않을 경우, 해당 블루투스 이어폰의 기기를 페어링(연결) 모드로 진입하도록 해야하는데 페어링(연결) 설정은 이어폰의 기기마다 다르기 때문에 해당 기기의 설명서를 참고해야 합니다.

03 카메라의 위치(전면, 후면)

스마트폰의 카메라는 전면에 한 개, 후면에는 두 개부터 최대 네 개까지 있습니다. 보통 전면 카메라는 본인 자신을 촬영할 때 사용하고, 그 외에는 후면 카메라를 사용합니다.

아래 이미지의 기종은 갤러시 S20으로 전면 카메라 한 개, 후면 카메라 세 개로 구성되어 있습니다.

▲ 전면 카메라

▲ 후면 카메라

Tip | 카메라는 스마트폰의 외부에 늘 노출되어 있는 만큼 이물질에 취약합니다. 만약에 스마트폰의 사진이나 동영상이 뿌옇게 나온다면 렌즈를 닦은 후 다시 촬영해 보세요.

03

"스마트폰 사용의 시작!"

스마트폰 구매 후 체크해야 하는 것들

스마트폰을 구매하고 사용하기 위해서는 꼭 알아야 할 것들이 있습니다.

기본적인 사항이지만 하나하나 살펴보면서 혹시 모르고 사용하고 있는 부분은 없는지 확인해 보시길 바랍니다.

예를 들어, 스마트폰은 보통 배터리가 다 닳기 전에 충전하여 사용하기 때문에 스마트폰의 전원을 끄고 켜는 방법조차 모르는 경우가 의외로 많습니다.

또한 스마트폰에서 어떤 기능을 사용할 때 네트워크 연결이 되어야 사용이 가능한지 그렇지 않은지도 체크해 봐야 합니다. 와이파이를 연결할 수 있고, 내 데이터량을 잘 관리할 수 있다면 걱정하지 않아도 됩니다.

01 스마트폰 끄고 켜기

스마트폰 사용의 기본이지만 의외로 스마트폰을 끄는 방법에 대해 모르는 분들이 많습니다. 스마트폰이 느려지거나 멈추는 문제를 방지하기 위해 가끔씩 스마트폰을 재부팅하는 것을 제조사에서도 권장하고 있죠. 스마트폰을 켜고 끄는 방법에 대해 26쪽에서 다루었지만 조금 더 자세히 살펴보겠습니다.

> **Tip** | 재부팅은 시스템을 종료했다가 다시 시작하는 것을 의미합니다.

무작정 따라하기 01 〈 스마트폰 끄기

❶ 스마트폰을 끄는 방법에는 몇 가지가 있습니다. 그 중 첫 번째 방법은 볼륨(하) 버튼과 측면 버튼을 함께 누르는 것입니다. 두 버튼을 동시에 2~3초 누르고 있으면 [전원 끄기] 버튼이 나타납니다. 아예 끄고 싶다면 [전원 끄기]를, 재부팅을 하고 싶다면 [다시 시작]을 누르면 됩니다.

> **Tip** | 스마트폰을 끄는 방법은 기종에 따라 다를 수 있습니다. 사진의 이미지는 갤럭시S20기종으로, 구형 기종이나 빅스비 버튼이 따로 있는 경우는 측면 버튼 하나만 길게 눌러 전원을 끌 수 있습니다.

❷ 스마트폰을 끄는 두 번째 방법은 측면 버튼만을 이용해 전원을 끌 수 있도록 설정하는 것입니다. 볼륨(하) 버튼과 측면 버튼을 동시에 길게 눌러 전원 끄기 화면이 나타났을 때, 하단 [측면 버튼 설정]을 누르면 측면 버튼 설정 창으로 바뀝니다. 아래의 '길게 누르기'를 [전원 끄기 메뉴]로 선택해 보세요. 이제 측면 버튼을 길게 누르면 전원을 끌 수 있습니다.

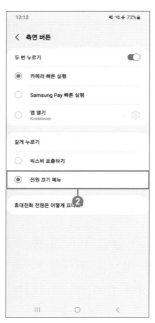

❸ 스마트폰을 끄는 세 번째 방법입니다. 스마트폰의 홈 화면에서 손가락을 화면에 대고 위에서 아래로 드래그하면 알림창이 열립니다. 이 상태에서 한 번 더 위에서 아래로 드래그하면 빠른 설정 버튼들이 나타나죠? 우측 상단 메뉴 중 ⏻ 버튼을 누르면 전원 끄기 메뉴가 나타납니다.

무작정 따라하기 02 < 스마트폰 켜기

스마트폰의 전원이 완전히 꺼진 상태에서 측면 버튼을 잠시 누르고 있으면 스마트폰이 켜집니다.

02 와이파이 연결하기

내 스마트폰의 데이터 요금제가 무제한이라면 마음껏 데이터를 사용해도 상관없지만 데이터 사용에 제한이 있는 요금제라면 내 주변의 와이파이를 연결해 사용하는 것이 효과적입니다.

무작정 따라하기 01 · 와이파이 연결되어 있는지 확인하기

스마트폰에 와이파이가 연결되어 있는지 확인해 봅시다. 상단 상태 표시줄에 LTE 표시가 되어 있으면 데이터를 사용 중인 것입니다. 즉, 와이파이가 연결되어 있지 않은 것이죠. LTE 표시 대신 와이파이 표시가 되어 있으면 와이파이가 연결된 것입니다.

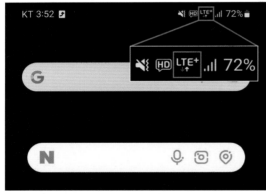

▲ 데이터 사용 중

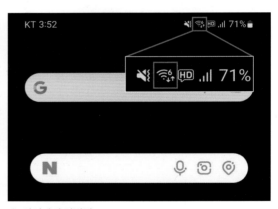

▲ 와이파이 연결됨

① 와이파이가 연결되어 있지 않다면 연결해 봅시다. 홈 화면에서 손가락을 위에서 아래로 드래그하면 알림창이 열립니다. 상단 빠른 설정 버튼 중에 첫 번째 와이파이 버튼을 길게 누릅니다.

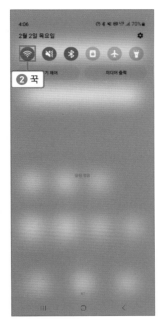

② 와이파이 버튼을 길게 누르면 와이파이 설정 화면으로 이동합니다.
'사용 안 함'으로 되어 있다면 오른쪽 스위치를 눌러 기능을 켜고 '사용 중'으로 바꿔 줍니다.
그리고 하단에 와이파이 목록이 뜨면 내가 사용할 와이파이 기기의 이름을 선택합니다.

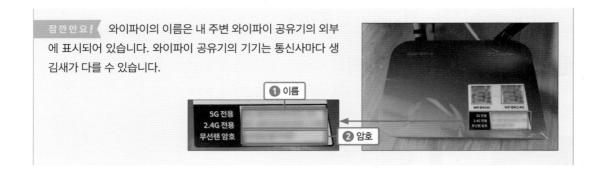

잠깐만요! 와이파이의 이름은 내 주변 와이파이 공유기의 외부에 표시되어 있습니다. 와이파이 공유기의 기기는 통신사마다 생김새가 다를 수 있습니다.

1 이름

5G 전용
2.4G 전용
무선랜 암호

2 암호

3 비밀번호를 입력하는 창이 나타납니다. 와이파이 공유기 외부에 암호가 쓰여 있으니 그대로 입력하시면 됩니다. 내 집 혹은 자주 가는 곳의 와이파이라면 하단에 '자동으로 다시 연결'의 스위치를 켠 후 하단 [연결] 버튼을 눌러 연결을 완료합니다. 현재 네트워크에 내가 선택한 와이파이가 '연결됨'으로 표시됩니다. 스마트폰 화면의 상단 상태 표시줄에 와이파이가 연결되었는지 확인합니다.

잠깐만요! 네이버 혹은 구글에 '공공 와이파이'라고 검색을 해보면 공공 와이파이 홈페이지를 확인할 수 있습니다. 공공 와이파이에 접속하면 정부, 지자체, 통신사에서 제공하는 무료 데이터 서비스를 이용할 수 있습니다. 사이트에서 본인이 있는 곳 주변에 무료로 쓸 수 있는 공공 와이파이 장소가 어디 있는지 검색해 봅시다.

03 데이터 사용 체크하기

스마트폰의 요금제가 데이터 무제한 요금제라면 상관없지만 데이터 사용에 제한이 있는 요금제라면 내 스마트폰이 현재 와이파이를 사용하고 있는지 데이터를 사용하고 있는지 항상 확인하셔야 합니다. 무심코 데이터를 사용하다가 추가 데이터 사용료가 발생할 수도 있기 때문입니다.

무작정 따라하기 01 〈 내 요금제 확인하기

내 스마트폰의 요금제를 알아보기 위해서는 해당 통신사의 114에 전화를 해보거나 통신사 앱에 접속해 확인하면 됩니다.

플레이 스토어에서 해당 통신사 앱을 다운로드한 로그인하면 내 스마트폰의 데이터 잔여량 및 요금제 등을 확인할 수 있습니다. 아래 이미지는 KT를 예로 든 것입니다.

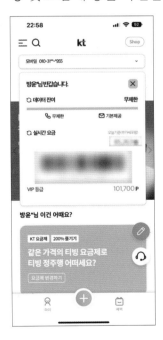 

> **Tip** | 통신사별 앱 이름을 알아보겠습니다.
> KT 앱은 '마이 케이티', SKT 앱은 'T World',
> LGT 앱은 '당신의 U+'입니다.

1 스마트폰의 설정에 들어가서 데이터를 얼마나 사용하고 있는지 확인할 수 있습니다. [설정]에 들어가서 [연결]을 누릅니다.

2 [데이터 사용]을 눌러 데이터 사용량을 확인해 봅시다. 여기서 보이는 데이터 사용은 말 그대로 데이터를 사용한 양이고, 데이터가 얼마나 남았는지는 통신사 앱에서 확인해야 합니다.

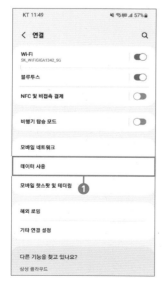

❸　정확한 데이터 사용량을 측정하기 위해서는 날짜를 지정해야 합니다. [데이터 측정일 및 사용량 경고] 항목에서 '데이터 측정 시작일'을 설정할 수 있습니다. 매달 며칠부터 측정을 시작할지 설정하세요.

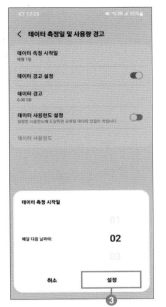

❹　내 스마트폰 요금제의 데이터가 무제한이 아니라면 몇 가지 설정을 해 두는 것이 좋습니다. 첫 번째로, [데이터 사용] - [데이터 측정일 및 사용량 경고]에서 [데이터 경고] 항목을 누르고 경고할 데이터의 사용량을 설정합니다. 예를 들어, 내 요금제의 데이터가 10GB라면 6~7GB로 설정해 사용량에 거의 도달할 때 알림을 받을 수 있습니다.

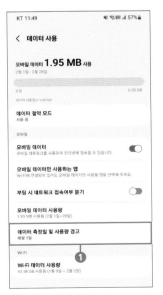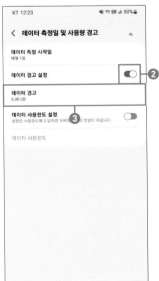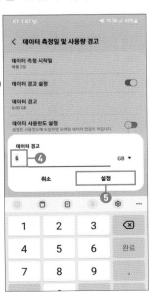

5 두 번째로, [데이터 사용] - [데이터 절약 모드] 항목을 선택해 들어갑니다. 백그라운드에서 앱이 데이터를 사용하지 않도록 설정하는 기능입니다.
'지금 켜기' 스위치가 꺼져 있다면 스위치를 켜줍니다.

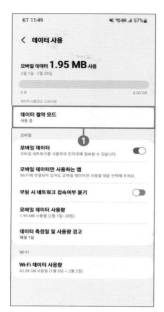  

Tip | 백그라운드 앱이란 내가 사용하고 있지 않아도 실질적으로는 켜져 있는 앱을 말합니다.

6 음악을 듣는 앱처럼 스마트폰 잠금 상태에서도 사용해야 하는 앱은 아래에 '데이터 절약 모드 사용 중일 때 데이터 사용 허용됨' 설정을 켜 줍니다.

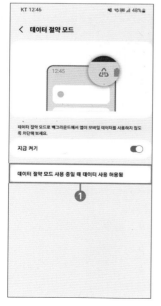 

❼ 세 번째로 스마트폰 앱들은 주기적으로 자동 업데이트를 진행하는데 그 과정에서 데이터를 사용하기도 합니다. 이렇게 사용되는 데이터를 절약하는 방법이 있습니다.
플레이 스토어 앱에 들어갑니다. 그 다음 우측 상단 내 계정 아이콘을 누른 후 하단의 [설정]을 선택합니다.

❽ [네트워크 환경설정] - [앱 자동 업데이트]를 누르고 'Wi-Fi에서만'을 선택한 후 [완료]를 눌러 설정을 마칩니다. 지금부터 앱의 자동 업데이트는 와이파이가 연결됐을 때만 진행됩니다.

> **잠깐만요!** 스마트폰의 요금제 중에 상대적으로 저렴한 알뜰폰 요금제에서도 데이터 무제한 요금제가 많습니다. 내게 맞는 요금제를 잘 선택하시기 바랍니다.

04

"스마트폰을 내 입맛에 맞게 바꿔보세요"
스마트폰 설정 살펴보기

스마트폰은 출시될 때 여러 가지 설정들이 기본으로 세팅되어 있으나, 그대로 사용하다 보면 불편한 점이 생기거나 궁금한 점이 생기기 마련입니다.

글씨 크기나 화면 밝기 등을 설정해 스마트폰을 사용하기 편하게 맞추거나, 벨소리를 바꾸고 진동을 설정할 수도 있습니다. 자주 사용하는 기능은 빠르게 설정을 변경하는 방법도 알아봅니다.

여러 가지 설정을 본인에게 맞게 변경하여 스마트폰 사용의 편리성을 높여보세요! 스마트폰 설정 앱과 친해진다면, 여러분의 스마트폰을 더 잘 이해하고 활용할 수 있을 것입니다.

QR 코드를 스마트폰 카메라로 비추어 저자의 영상 강의를 시청해 보세요. ▶

01 스마트폰 기종 확인하기

본인의 스마트폰 기종을 알고 있는 것은 매우 중요합니다. 여러분이 스마트폰을 사용하다가 궁금한 점이 있을 때 인터넷에서 검색해 찾아볼 수 있기 때문입니다. 한번만 알아 두면 되니 이번 기회에 확실히 기억해 볼까요?

무작정 따라하기 01 〉 **모델명 확인하고 휴대폰 이름 설정하기**

1 [설정] 앱으로 들어가 아래 쪽으로 내리고 [휴대전화 정보]를 누릅니다.

② 스마트폰 '모델명'을 확인합니다.

잠깐만요! [편집]을 눌러 나만의 휴대폰 이름을 만들 수도 있습니다. 휴대폰 이름이 바뀌어도 모델명은 바뀌지 않으니 걱정하지 마세요.

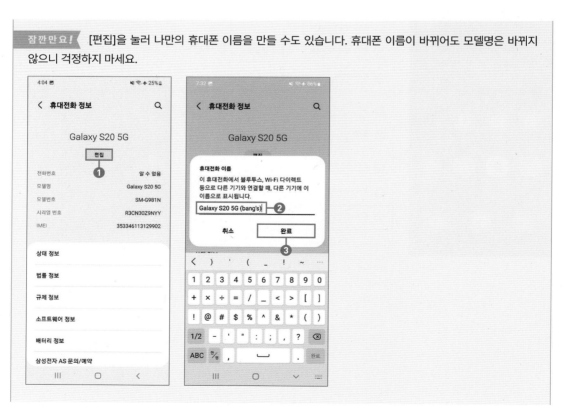

02 스마트폰 저장공간 확인하기

스마트폰을 많이, 또 오랜 기간 활용하다 보면 '저장 공간이 부족하다'는 메시지가 나타난 적 있을 거예요. 그 메시지를 보기 전에 미리 스마트폰의 최대 저장 공간과 남아있는 용량을 확인하고, 저장공간을 관리해 봅시다.

무작정 따라하기 01 **저장공간 확인하기**

① [설정] 앱에서 [배터리 및 디바이스 케어] 메뉴를 선택합니다.

② [저장공간]에서 최대 저장공간과 사용가능한 저장공간을 확인합니다. [저장공간] 메뉴를 누르면 어떤 것들이 용량을 차지하고 있는지 항목별로 확인할 수도 있습니다.

Tip | 스마트폰의 용량이 얼만큼 남아 있어야 좋다는 기준은 없지만, 저장공간이 부족할수록 스마트폰의 속도가 느려지는 것은 사실입니다. 최소한 전체 공간의 20%는 항상 여유를 두는 것이 좋습니다.

저장공간 확보를 위해 이미지나 동영상 또는 파일이나 앱을 삭제할 수도 있습니다. 원하는 항목(예를 들면, '동영상')을 눌러 들어간 후, 삭제하고자 하는 항목을 길게 눌러 한번에 여러 개를 선택하고 [삭제]를 누릅니다.

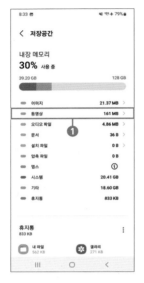   

잠깐만요! 사진첩에 저장된 사진이나 동영상을 삭제할 경우, 먼저 휴지통으로 이동하기 때문에 휴지통을 비워야만 그만큼의 여유 저장공간이 생깁니다. [저장공간] 메뉴 내에도 [휴지통] 메뉴가 있어 휴지통에 있는 파일들을 확인할 수 있고, '복원'이나 '비우기'를 할 수도 있습니다.

03 화면 및 음량 설정

내 스마트폰의 상태를 확인했으니 이제는 스마트폰을 내게 맞게 설정하는 방법을 알아볼
까요? 지금부터 스마트폰을 좀 더 편리하게 사용하기 위해 몇 가지 설정을 변경해 보겠습
니다.

무작정 따라하기 01 〈 　글씨 크기 설정

[설정] 앱에서 [디스플레이] 메뉴로 들어가 [글자 크기와 스타일]을 선택합니다. 하단 '글자
크기'의 파란색 점을 누르고 좌우로 움직여 보기 좋은 크기로 설정합니다.

[디스플레이] 메뉴 내에서 [화면 크게/작게]를 선택한 후, 하단의 파란색 점을 좌우로 움직여 설정합니다.

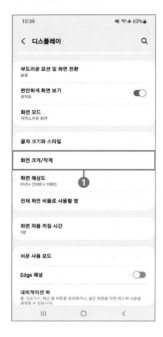

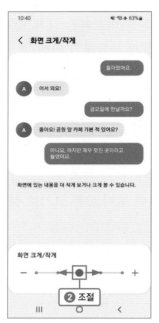

잠깐만요! 55쪽의 방법으로 '글자 크기'를 키운다고 해서 스마트폰으로 보는 모든 글자가 커지는 것은 아닙니다.
예를 들어, 네이버 앱의 화면을 크게 보고 싶다면 위와 같이 '화면 크기'를 크게 설정해야 합니다.

[설정] 앱 - [디스플레이] - [밝기] 메뉴를 통해 화면 밝기를 조절합니다. [밝기 최적화] 기능을 실행하면 사용자의 환경에 따라 밝기가 자동으로 조절됩니다.

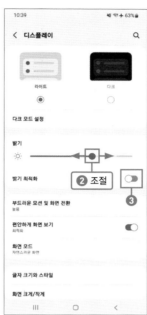

잠깐만요! 화면 밝기 설정 후 메뉴를 밑으로 더 내리면, [화면 자동 꺼짐 시간] 메뉴가 보입니다. 스마트폰을 대기 상태로 두었을 때, 화면이 꺼지는 시간을 설정하는 메뉴입니다. 화면을 보는 속도가 느리다면 이 시간을 길게 설정하는 것이 좋습니다.

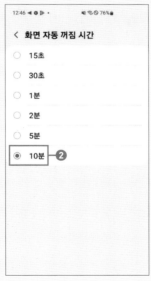

❶ [설정] 앱에서 [소리 및 진동]을 누르면 소리에 관련된 다양한 설정을 바꿀 수 있습니다.

❷ [벨소리]를 눌러 원하는 벨소리를 선택합니다.

❸ 다시 뒤로 돌아와 [알림 소리]와 [시스템 소리]도 같은 방식으로 각각 설정할 수 있습니다. 그리고 [음량] 메뉴에 들어가면 각 항목 별로 소리의 크기를 설정할 수 있습니다.

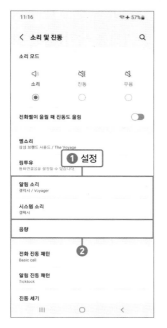
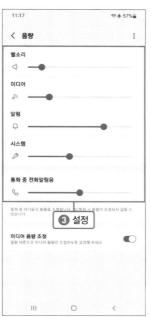

① [소리 및 진동] 메뉴에서 맨 위의 [소리 모드]를 '진동'으로 선택하면 진동 모드가 됩니다. 메뉴를 아래로 더 내리면 [전화 진동 패턴]이나 [알림 진동 패턴], [진동 세기] 등을 맞춤형으로 설정할 수도 있습니다.

② 더 빠르게 진동 모드로 바꾸는 방법도 있습니다. 스마트폰 화면을 위에서 아래로 드래그한 후, 상단의 스피커 모양 버튼을 눌러 보세요.

① 스마트폰 화면을 위에서 아래로 드래그하여 보이는 상단 메뉴들에 손가락을 대고 다시 아래로 내리면 빠른 설정 버튼이 더 많이 나타납니다. 여기에서 다양한 기능을 빠르게 설정할 수 있습니다. 하단의 조절바를 좌우로 움직이면 화면의 밝기가 바뀝니다.

② 빠른 설정 화면을 오른쪽에서 왼쪽으로 쓸어 넘기면 더 많은 설정 버튼들이 보이고, 우측 하단의 플러스 버튼을 누르면 추가 가능한 버튼이 나타납니다. 원하는 버튼을 꾹 누르고 아래로 내려오면 빠른 설정 항목으로 추가됩니다.

둘째 마당

스마트폰 활용 입문

05

"스마트폰의 가치를 더 높여줄 앱의 세계"
스마트폰 앱 이해하기

스마트폰에 있는 버튼 하나하나를 '앱*'이라고 말합니다.

예를 들면, 전화를 할 수 있는 전화 앱, 문자메시지를 보내는 문자 앱, 그리고 카메라 앱, 유튜브 앱, 네이버 앱 등이 있습니다. 앱의 세계는 무궁무진합니다. 일상 생활에 유용한 앱부터 다양한 취미를 즐길 수 있는 앱까지 매일 매일 새로운 앱들이 생겨나고 있습니다.

앱을 제대로 이해하지 못하고 사용하지 못하면, 스마트폰의 활용은 제한적일 수 밖에 없습니다. 스마트폰의 가치를 더 높여줄 앱의 세상으로 지금 떠나보겠습니다!

* 애플리케이션을 줄여서 말하며 '어플'이라고도 부르지만, 이 책에서는 '앱'으로 부르겠습니다.

QR 코드를 스마트폰 카메라로 비추어 저자의 영상 강의를 시청해 보세요. ▶

01 앱 설치 및 삭제

새로운 앱을 설치하기 위해서는 구글의 'Play(플레이) 스토어'라는 앱이 필요합니다. 스마트폰에 기본으로 설치되어 있는 앱이니, 오른쪽 그림과 같은 버튼을 찾으시면 됩니다. 'Play 스토어'를 활용하여 필요한 앱을 찾아 설치하고, 또 불필요한 앱을 삭제하는 방법에 대해 알아보겠습니다.

무작정 따라하기 01 〈　**'플레이 스토어' 앱 살펴보기**

① 'Play 스토어' 앱을 열면 상단에 앱을 검색할 수 있는 창이 있고 바로 옆에 본인 계정 버튼이 보입니다. 버튼을 눌러 어떤 계정으로 연결되어 있는지 확인할 수 있습니다.

❷ 하단에는 [게임], [앱], [도서] 메뉴가 있습니다. [앱] 메뉴를 눌러 볼까요? '추천', '인기 차트', '카테고리' 등의 버튼을 각각 눌러 어떠한 종류의 앱이 있는지 둘러보고 본인에게 유용할 것 같은 앱을 살펴보는 것도 좋습니다.

> **잠깐만요!** 'Play 스토어'의 [도서] 메뉴에서 책을 구매하거나 무료 도서를 받으면 'Google Play 북'이라는 앱을 설치하는 창으로 자동 연결되는데, 앱을 설치하고 나면 스마트폰으로 책을 볼 수도 있습니다.

무작정 따라하기 02 **'플레이 스토어'에서 필요한 앱 검색하고 설치하기**

❶ 특정 앱을 설치해야 할 경우 상단 검색 창을 활용합니다.

66

② 검색 창에 필요한 앱의 이름을 적습니다. 정확한 이름을 몰라도 단어만 입력하면 연관된 앱을 추천해 줍니다. 예를 들어 지하철 노선을 볼 수 있는 앱이 필요하다면 '지하철'이라고만 입력해도 관련 앱을 찾아볼 수 있습니다.

③ 원하는 앱을 찾았다면 [설치] 버튼을 누릅니다. 설치가 끝났다면 [열기] 버튼으로 바뀌니 버튼을 눌러 바로 앱을 실행할 수 있습니다.

 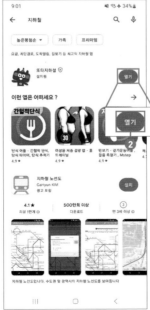

Tip | 내가 새로 설치하고자 하는 앱이 [설치]가 아닌 [열기] 또는 [사용] 버튼으로 되어 있다면 본인의 스마트폰에 이미 설치되어 있는 것입니다.

1 스마트폰의 홈 화면에서 삭제하고자 하는 앱을 길게 누르면 앱 위로 작은 창이 하나 나타납니다. 그 중 [설치 삭제]를 누르고 [확인] 버튼을 누르면 해당 앱이 삭제됩니다.

> **Tip** | 스마트폰 하단 중앙의 '홈 버튼'을 눌렀을 때 보이는 홈 화면은 주로 사용하는 앱을 편리하게 모아 놓고 사용할 수 있는 화면입니다. 그리고 홈 화면에서 손가락을 화면에 대고 아래에서 위로 쓸어 올리면 보이는 '앱스 화면'은 스마트폰의 모든 앱을 확인할 수 있는 화면으로 상단에 앱 검색창이 있습니다.

2 홈 화면에서 손가락을 화면에 대고 아래에서 위로 쓸어 올리면 보이는 '앱스 화면'에서는 스마트폰의 모든 앱을 확인할 수 있습니다. '앱스 화면'에서도 같은 방법으로 앱을 삭제할 수 있습니다.

02 앱 실행 및 종료

우리는 스마트폰을 사용할 때 수많은 앱을 오가며 사용합니다. 앱을 좀 더 효율적으로 사용하는 방법에 대해 알아보겠습니다.

무작정 따라하기 01 〈 앱 실행하기

스마트폰의 모든 앱은 필요할 때 찾아서 눌러 주기만 하면 바로 실행됩니다. 하지만 필요에 따라 여러가지 앱을 오가며 실행해야 할 때도 있습니다.

그럴 때마다 앱을 다시 찾아 들어가면 번거롭습니다. 이런 경우 스마트폰의 하단 좌측에 있는 '최근 실행 버튼'을 이용해 보세요. 이 버튼으로 실행했던 앱 목록을 최근 순서대로 볼 수 있으며, 좌우로 움직이면서 필요한 앱으로 쉽게 이동할 수 있습니다.

앱을 종료하고 싶을 때에는 언제든지 하단 중앙의 '홈 버튼'을 누르면 됩니다. 하지만 '최근 실행 버튼'을 눌러 보면 방금 종료한 앱이 보입니다. 여기에서 [모두 닫기]를 눌러줘야 앱이 완전 종료되는 것입니다.

> **Tip** │ 최근 실행 앱들이 너무 많이 쌓이면 스마트폰의 속도가 느려질 수 있으니 한 번씩 [모두 닫기]를 눌러주는 게 좋습니다.

03 자주 사용하는 앱 모아 놓기

스마트폰의 앱을 정리하는 일은 중요합니다. 앱들이 쌓이다 보면 필요한 앱을 찾기도 번거롭고 사용하지 않는 앱은 용량만 차지한 상태로 방치되기 때문이죠.

필요 없는 앱은 앞서 알려드린 대로 삭제하고, 사용하는 앱들은 즐겨 찾는 항목으로 정리하거나 폴더로 정리하는 것이 좋습니다. 지금부터 정리 시작합니다!

무작정 따라하기 01 ⟨ 자주 사용하는 앱을 홈 화면으로 옮기기

1 '앱스 화면'에서 앱을 길게 누르고 있으면 앱 위로 작은 창이 뜨는데 여기에서 [홈 화면에 추가]를 누릅니다.

> Tip | 앱스 화면으로 들어가기 위해서는 홈 화면 아래에서 위로 손가락을 끌어올리면 됩니다.

2 자주 사용하는 앱을 홈 화면으로 옮기는 또다른 방법을 알아보겠습니다. 앱을 길게 누른 채로 손을 떼지 않고 있으면 홈 화면이 보입니다. 원하는 위치로 끌고 가서 놓으면 됩니다.

3 홈 화면을 여러 페이지로 구성할 수도 있습니다. 홈 화면에 위치한 앱을 길게 누른 채로 좌우로 움직여 원하는 페이지로 이동할 수 있습니다.

홈 화면에서 빈 곳을 길게 누르면 여러 페이지로 구성한 홈 화면을 확인할 수 있습니다. [휴지통] 버튼을 눌러 페이지를 삭제할 수 있고, [+] 버튼을 눌러 페이지를 추가할 수도 있습니다.

④ 홈 화면에 있는 앱을 홈 화면에서만 안 보이게 하고 싶다면 앱을 길게 눌러 [홈에서 삭제]를 선택합니다. 홈 화면에서 사라진 앱은 스마트폰에서 완전히 삭제된 것은 아니며, 앱스 화면에서 확인할 수 있습니다. 단, [설치 삭제]를 누르면 해당 앱이 스마트폰에서 완전히 삭제되니 주의해야 합니다.

❶　앱 폴더를 만드는 방법은 홈 화면과 앱스 화면에서 동일합니다. 앱을 길게 누른 후 [선택]을 누르고 폴더 안에 함께 넣을 앱을 선택합니다. 앱을 모두 선택한 후 상단의 [폴더 추가]를 선택합니다.

❷　폴더가 만들어지면 '폴더 이름'을 눌러 폴더의 이름을 적습니다.

❸ 폴더를 만드는 또 하나의 방법은 앱을 누른 채로 끌고 가서 다른 앱과 겹치게 하는 것입니다. 폴더가 만들어지면 같은 방법으로 폴더 이름을 입력합니다.

> **잠깐만요!** 앱을 누른 채 폴더로 끌고 가면 폴더 안에 앱을 넣을 수도 있습니다. 폴더에 있는 앱을 없애고 싶다면 해당 앱을 길게 눌러 폴더 밖으로 이동시키면 됩니다.

무작정 따라하기 03 ⟨ **앱 폴더 삭제**

폴더를 길게 눌러 보이는 창에서 [폴더 삭제]를 선택하면 폴더만 사라지고 그 안의 앱은 사라지지 않습니다. 만약 홈 화면에서 폴더를 삭제했을 경우에는 폴더 안에 있던 앱들도 사라지지만, 앱스 화면에는 남아 있습니다.

모든 앱을 무료로 사용할 수 있는 것은 아닙니다. 유료 앱도 있고, 무료 앱이지만 앱 내에서 기능을 추가로 사용하기 위해 결제를 해야 하는 경우도 있습니다. 유료 앱 사용을 위해 결제하는 방법에 대해 알아보겠습니다.

무작정 따라하기 01 〈 **유료 앱 결제하기**

❶ Play 스토어에서 찾은 앱이 유료인 경우 [설치] 버튼 대신 앱의 가격이 보일 것입니다. 가격 버튼을 누르면 결제 창이 나타나는데, [계속]을 눌러 다음으로 이동합니다.

잠깐만요! 유료 앱의 경우 '인앱 구매' 방식인 앱이 있습니다. 이런 경우 설치는 무료지만 특정 기능을 사용하기 위해 결제를 해야 할 수도 있습니다. play 스토어에서 앱 이름 아래 작은 글씨로 '인앱 구매'라고 쓰여 있는지 확인 가능합니다. 인앱 구매 방식은 대부분의 앱에서 선택하고 있는 결제 방식으로, 무료로 사용해도 불편함이 없다면 그대로 사용해도 문제될 것이 없습니다. 대표적으로 카카오톡 역시 '인앱 구매' 앱입니다.

2 다양한 결제 방법들이 있지만, 여기에서는 [신용카드 또는 체크카드 추가]로 결제 수단을 추가해 보겠습니다.

3 고객 정보를 차례대로 입력합니다. 이름과 주소, 통신사, 전화번호 인증까지 진행한후 [계속]을 누릅니다.

④ 그 다음으로 신용카드나 체크카드의 정보들을 입력한 후 [저장]을 누릅니다.

⑤ 앱 결제 창으로 돌아오면 카드가 등록된 것을 볼 수 있습니다. [구매]를 눌러 Play 스토어 계정의 비밀번호를 입력한 후 [인증] 버튼을 누르면 결제가 완료됩니다.

유료 앱 결제시 비밀번호를 물어보게끔 설정하면 실수로 결제되는 것을 방지할 수 있습니다. 구매 인증 설정이 잘 되어 있나 확인해 보세요.

❶ Play 스토어에서 검색 창 옆의 계정 아이콘을 선택하고 [설정]에 들어갑니다.

❷ [인증]을 누른 후 [구매할 때마다 인증]을 선택하는 것을 권장합니다. 매번 인증해야 실수로 유료 앱이 결제되는 것을 방지할 수 있습니다.

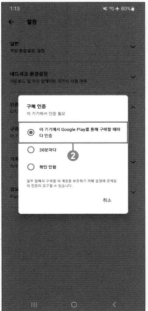

06

"스마트폰의 기본 기능, 완벽 제어하기"
스마트폰 기본 기능 마스터

스마트폰을 매일같이 사용하다 보니, 기본적인 기능은 이미 잘 알고 있다고 생각할 수도 있습니다. 그러나 항상 사용하는 앱만 사용하다 보니 의외로 기본 앱의 기능을 유용하게 활용하지 못하는 경우도 많습니다.

스마트폰의 기초를 탄탄히 익히는 것은 매우 중요합니다. 전화나 문자 등 익숙한 기능 중에서도 내가 미처 모르고 지나간 활용법이 있을지도 모릅니다.

또한 스마트폰 기본 앱 중 녹음기나 계산기, 메모장 기능은 필수적으로 익혀 두는 것이 좋습니다. 일상 속에서 자주 이용하는 기능을 언제 어디서든 스마트폰 하나로 해결할 수 있으니까요.

미처 몰랐던 스마트폰 기본 앱 활용 방법, 지금부터 함께 배워 보겠습니다.

QR 코드를 스마트폰 카메라로 비추어 저자의 영상 강의를 시청해 보세요. ▶

01 전화하고 문자하기

전화와 문자하기는 스마트폰 사용에 있어 몰라서는 안 될 기본 기능 중 하나입니다. 기초부터 하나하나 살펴보겠습니다.

무작정 따라하기 01 〈 전화하기

1 홈 화면에 있는 전화 앱을 선택하고 키패드를 선택합니다.

② 전화번호를 입력하는 녹색 전화 버튼을 누릅니다. 통화가 끝난 후 빨간색 종료 버튼을 누르면 통화가 종료됩니다.

③ 최근에 통화한 사람에게 다시 전화하고 싶을 때는 하단에서 [최근기록]을 눌러 주세요. 통화 혹은 부재중 목록에서 상대방의 이름을 누르면 전화, 문자 버튼이 생성됩니다.

❹ 연락처 목록에서 상대방을 선택하여 전화할 수도 있습니다. 키패드 화면 하단 [연락처]에서 상대방을 선택하면 전화, 문자 버튼이 나타납니다.

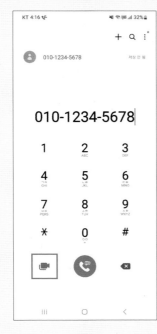

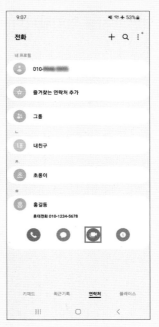

① 문자 앱에서 우측 하단의 말풍선 버튼을 누르고 [1:1 대화]를 선택합니다.

② 상대방의 이름을 검색하거나 하단의 친구 목록에서 상대방을 지정하고 문자 입력 화면으로 바뀌면 문자를 입력합니다. 그리고 입력이 끝나면 녹색 전송 버튼을 눌러 메시지를 전송합니다.

❶ 주고받은 문자는 문자 앱에 저장됩니다. 목록을 누르면 언제든지 문자를 확인할 수 있으며, 이어서 다시 문자를 주고받을 수 있습니다.

❷ 주고받은 문자 목록에서 원하는 항목을 길게 누른 후 [삭제] - [휴지통으로 이동]을 선택하면 삭제할 수 있습니다.

❸ 휴지통으로 이동한 메시지는 복원 가능합니다. 메시지 목록 우측 상단 ⋮ 버튼을 선택하고 [휴지통]으로 이동해 복원하고 싶은 메시지를 길게 눌러 보세요. 하단 [모두 복원] 버튼을 통해 메시지를 다시 불러올 수 있습니다.

02 전화번호 저장하기

스마트폰에 이미 수많은 사람들의 연락처가 저장되어 있을 거예요. 기초부터 살펴보고 좀 더 유용하게 사용할 수 있는 기능에 대해 알아보겠습니다.

무작정 따라하기 01 〈 전화번호 저장

① 전화 앱의 키패드 화면에서 저장할 전화번호를 입력합니다. 그리고 상단의 + 버튼을 누르고 [새 연락처 등록]을 선택합니다.

② 　정보 입력 화면이 나타나면 이름을 입력합니다. 그리고 아래 [항목 더보기]를 누르면
상대방에 대한 다양한 정보를 입력할 수 있습니다.

③ 　필요한 항목의 입력이 끝나면 [저장]을 누릅니다.

Tip │ 모든 항목을 채워야 할 필요는 없습니다. 이름과 연락처만 적어도 됩니다.

❶ 연락처 목록에서 정보를 수정하고 싶은 사람의 이름을 누르고, 옵션 메뉴가 나타나면 ○ 버튼을 선택합니다.

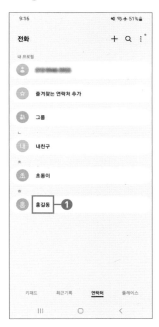

❷ 상대방의 정보가 담긴 화면으로 이동하면 하단 [편집] 버튼을 누르고 항목을 터치해 수정합니다. 수정이 끝나면 [저장]을 꼭 눌러 줍니다.

❶ 키패드 화면에서 지정하고 싶은 번호를 길게 누릅니다. 숫자를 길게 누르면 하단에 '연락처 지정' 메뉴가 나타나는데 [지정]을 선택하고 연락처에서 상대방을 선택합니다.

❷ 상대방을 선택하면 단축번호를 설정했다는 메시지와 함께 설정이 마무리됩니다. 이제 지정한 단축번호를 길게 누르면 설정한 상대방에게 전화가 걸립니다.

Tip | 단축번호는 999번까지 지정할 수 있습니다.

❸ 단축번호 목록은 키패드 화면의 우측 상단 [⋮] 버튼을 누른 후 [단축번호] 메뉴를 선택하면 볼 수 있습니다.

❹ 이 목록에서 다른 연락처의 단축번호를 지정할 수도 있습니다. 지정된 연락처 오른쪽의 빨간색 마이너스 버튼은 단축번호 삭제 버튼으로, 이것을 눌러도 단축번호가 해제될 뿐 연락처가 삭제되지는 않습니다.

03 녹음하기

스마트폰의 녹음 기능에는 음성 녹음 앱을 사용한 녹음과 통화 녹음이 있습니다. 알아 두면 생활에 유용하게 활용할 수 있으므로 꼭 익혀 봅시다. 스마트폰 녹음 기능의 하나부터 열까지 살펴보고 다양한 활용 방법에 대해 살펴보겠습니다.

무작정 따라하기 01 〈　　**통화 녹음**

❶　상대방에게 전화를 걸고 화면에서 [녹음] 버튼을 누르면 상대방이 전화를 받음과 동시에 통화 녹음이 시작됩니다. 통화가 끝나면 녹음 파일은 자동으로 저장됩니다.

2 최근 통화목록에서 상대방의 이름 끝에 마이크 모양 아이콘이 보이면 통화 녹음이 진행된 것입니다. 통화 녹음 파일을 확인하려면 목록의 우측 위 ⋮ 버튼을 누르고 [설정]을 누르세요.

3 새 창이 나타나면 [통화 녹음] 메뉴로 들어갑니다. [녹음한 통화] 메뉴를 선택하면 녹음 파일이 저장되어 있습니다.

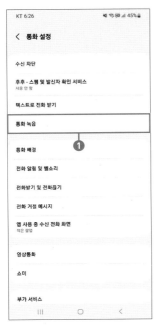 

④ 녹음 파일에는 상대방 이름 및 저장된 날짜와 시간이 표시되어 있으며 선택하여 들어볼 수도 있습니다.

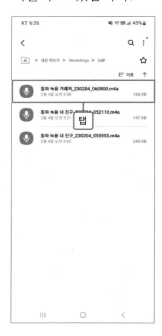

⑤ 파일을 길게 누르면 하단에 옵션이 나타납니다. 삭제할 수도 있고, [공유] 버튼을 눌러 문자 및 카카오톡으로 파일을 전송할 수도 있습니다.

1 내 스마트폰에서 [음성 녹음] 앱을 찾습니다. 앱을 찾기 어려울 때는 홈 화면에서 손가락을 화면에 대고 위로 스크롤하면 앱스 화면이 나타나는데 상단 검색을 누르고 '음성 녹음'을 입력하면 앱을 찾을 수 있습니다.

2 녹음의 종류는 크게 일반, 인터뷰, 텍스트 변환 모드로 나누어집니다. 세 가지 모드 모두 중앙 하단 녹음 버튼을 누르면 녹음이 시작됩니다.

> **Tip**
> • **일반 모드**: 일반적인 상황에 많이 씁니다.
> • **인터뷰 모드**: 스마트폰 상단의 마이크로 소리를 증폭시켜 녹음합니다.
> • **텍스트 모드**: 최대 10분까지 녹음되며 동시에 텍스트로도 변환됩니다.

❸ 녹음이 시작되면 일시정지 버튼으로 잠시 멈췄다가 녹음을 재개할 수 있고, 정지 버튼으로 녹음을 끝낼 수도 있습니다. 녹음이 끝나면 정지 버튼을 누르고 녹음 파일의 이름을 입력한 후 [저장]을 누릅니다. 완성본은 '음성 녹음' 앱 목록에 저장됩니다.

❹ 음성 녹음 앱 우측 상단 [목록] 메뉴를 누르면 통화 녹음 파일은 물론 모든 음성 파일의 목록을 볼 수 있습니다. 좌측 상단 [전체] 버튼을 눌러 카테고리별로 확인도 가능합니다.

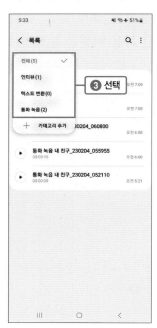

04 메모하기

스마트폰의 메모장 기능은 내 일상에서 아주 유용하게 활용할 수 있습니다. 예를 들어, 꼭 해야 할 일이나 기억해야 할 일을 메모해 스마트폰의 화면에 늘 보이게 할 수 있죠. 그렇게 하면 중요한 일을 잊는 불상사를 방지할 수 있겠죠?

무작정 따라하기 01 〈 메모장 앱 찾기

❶ 앱스 화면에서 상단 검색 창을 터치하고 '메모'라고 입력하면 관련 앱을 볼 수 있습니다. 기본 메모 앱인 'Samsung Notes' 앱이 나타납니다.

잠깐만요! 해당 앱을 길게 누르고 있으면 작은 창이 나타나는데 앱 위치를 찾을 수도 있고 홈 화면에 추가할 수도 있습니다.

❶ 삼성 노트 앱에 들어가면 우측 하단 빨간색 버튼을 눌러 메모를 작성할 수 있습니다.

❷ 할일 목록을 만들어 볼까요? 할일을 메모로 작성한 후 서식 옵션 중 ☑ 버튼을 누르면 체크박스 목록을 만들 수 있습니다. 작성한 메모는 자동으로 저장됩니다.

❸ 할일을 적은 메모를 내 스마트폰의 홈 화면에 위젯으로 추가해 보겠습니다. 홈 화면의 빈 곳을 길게 누르고 홈 편집 화면으로 전환되면 하단의 [위젯] 버튼을 누릅니다.

❹ 위젯 설정으로 들어오면 다양한 위젯을 추가할 수 있는데 검색 창에 '삼성노트'라고 검색하면 앱을 찾을 수 있습니다. 앱 오른쪽의 ☑ 버튼을 누르고 사용할 위젯의 종류를 선택합니다.

⑤ 사용할 위젯을 선택한 후 [추가]를 누르고 위젯으로 띄울 메모를 선택합니다. 스마트폰의 홈 화면에서 메모장 내용을 확인할 수 있습니다.

⑥ 홈 화면에 추가한 위젯은 길게 눌러 원하는 곳으로 끌어다 옮길 수도 있습니다.

잠깐만요! 위젯이란 특정 앱의 일부 기능이나 정보를 앱을 거치지 않고 사용하거나 확인할 수 있게 해주는 편리한 기능입니다. 모든 앱이 위젯을 지원하지는 않습니다.

05 화면 캡처하기

화면 캡처 기능 또한 스마트폰에서 자주 사용되는 기능 중 하나입니다. 많은 분들이 알고 있는 기능이지만, 더 나아가서 캡처한 화면을 깔끔하게 활용하는 방법까지 알아보겠습니다.

무작정 따라하기 01 ‹ 화면 캡처

1 캡처하고 싶은 화면에서 음량(하) 버튼과 측면 버튼을 동시에 짧게 누르면 화면이 캡처됩니다. 혹은 화면에 손바닥을 대고 쓸듯이 지나가도 화면을 캡처할 수 있습니다.

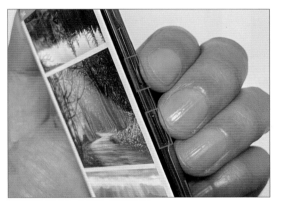 

2 캡처한 이미지는 갤러리 앱의 '스크린샷' 앨범에 저장됩니다.

❶　캡처한 이미지는 스마트폰의 화면 전체를 캡처하기 때문에 불필요한 부분이 포함되기도 합니다. 필요한 부분만 남도록 편집해 봅시다. 갤러리 앱에서 캡처한 사진을 열어 하단 [편집] ⟨✎⟩ 버튼을 누릅니다.

❷　사진 편집 화면이 열리면 네 모서리 부분을 각각 손가락으로 움직여 필요한 부분만 보이도록 조절합니다. 조절이 끝나면 우측 상단 [저장] 버튼을 누르고 저장합니다.

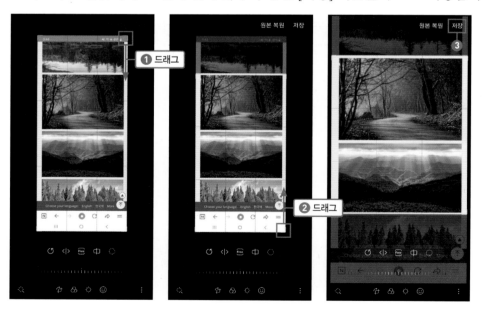

③ 필요한 부분만 깔끔하게 잘라냈다면 이어서 하단 [공유] ☒ 버튼을 눌러 문자나 카카오톡으로 전송할 수 있습니다.

06 내 파일 관리하기

'내 파일' 앱에는 내 스마트폰의 거의 모든 파일이 들어 있다고 해도 과언이 아닙니다. 내 스마트폰에 저장되어 있는 다양한 파일을 확인하고 관리할 수 있습니다.

무작정 따라하기 01 ＜ 내 파일 앱 살펴보기

❶ 앱스 화면에서 내 파일 앱을 찾습니다. 검색 창에 '내파일'을 입력하면 앱을 쉽게 찾을 수 있습니다.

잠깐만요! 앱을 길게 누르면 앱의 위치를 찾거나 홈에 추가할 수 있다는 사실, 이제는 익숙하죠?

② 최근 저장된 파일을 확인하거나 및 카테고리별로 어떤 파일들이 저장되어 있는지 확인할 수 있습니다.

③ 화면을 드래그해 맨 아래 [저장공간 분석] 항목을 누르면 내 스마트폰의 저장공간이 얼마나 남았는지, 어떤 종류의 파일들이 공간을 차지하고 있는지 알 수 있습니다.

❶ '카테고리'에서 [이미지] 항목을 누르면 내 폰에 저장된 사진 파일이 보입니다. 지우고 싶은 사진은 길게 눌러 선택하고 하단 [삭제] 버튼을 눌러 [휴지통으로 이동]합니다.

❷ 맨 아래 있는 [저장공간 분석]에서는 어떤 부분이 저장공간을 많이 차지하고 있는지 좀 더 자세히 확인할 수 있습니다. 역시 각 카테고리별로 들어가서 파일을 확인하고 삭제할 수 있습니다.

잠깐만요! 필요 없는 파일들이 쌓여 스마트폰의 용량이 부족해지면 스마트폰이 느려지는 문제가 발생할 수 있습니다. 꾸준한 파일 관리는 필수이고 주기적으로 스마트폰을 재부팅하는 것도 좋은 방법입니다.

스마트폰의 계산기 앱으로는 단순한 계산뿐만 아니라 유용한 추가 기능도 이용할 수 있습니다. 알아 두면 유용한 몇 가지 기능을 살펴보겠습니다.

무작정 따라하기 01 〈   계산 기록

❶ 스마트폰의 계산기 앱으로 들어가면 키패드를 눌러 바로 계산을 실행할 수 있습니다. 또한 🕐의 버튼을 누르면 과거 계산 기록을 다시 볼 수 있습니다. 🔢을 누르면 키패드 화면으로 돌아옵니다.

❶ 📏 버튼을 누르면 단위를 변환할 수도 있습니다. 단위 계산기로 바뀌면 상단에 단위 목록이 보입니다.

❷ 예를 들어, 120야드가 몇 미터인지 궁금하면 [길이]를 선택하고 '인치'를 눌러 '야드'로 변경합니다. 아래의 '센티미터'는 '미터'로 변경한 후, 야드에 숫자 '120'을 입력하면 미터로 자동 변환된 값을 볼 수 있습니다.

키패드 상단의 📟 버튼을 누르면 화면이 가로로 전환되고 공학계산기를 사용할 수 있습니다.

스마트폰을 사용하다 보면 컴퓨터로 파일을 전송하거나, 컴퓨터에 있는 파일을 스마트폰으로 옮기고 싶을 때가 있습니다. 어떤 방법을 써야 할까 난감하다면 주목하세요! 컴퓨터와 선으로 연결하지 않고 간단히 앱으로 해결하는 방법이 있습니다. '샌드 애니웨어'을 이용해 봅시다.

무작정 따라하기 01 **샌드 애니웨어 앱 다운받기**

1 플레이 스토어 앱에서 '샌드 애니웨어'를 검색하고 앱을 설치합니다.

② 앱 설치가 완료되면 [열기] 버튼이 활성화됩니다.

무작정 따라하기 02 〈 **샌드 애니웨어 앱 활용하기**

① 스마트폰과 컴퓨터 간의 파일 전송이기 때문에 몇 가지 준비단계가 필요합니다. 먼저 스마트폰에서는 '샌드 애니웨어' 앱을 실행합니다. 앱이 처음 실행되면 '미디어 접근 권한을 허용하겠냐'는 메시지가 뜨는데, 반드시 허용해 주셔야 합니다.

② 컴퓨터에서는 네이버나 구글에서 '샌드 애니웨어'를 검색해 사이트에 들어갑니다.

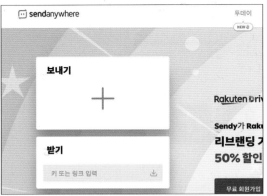

③ 전송할 준비가 끝났습니다. 이제 스마트폰의 샌드 애니웨어 앱에서 [보내기]를 누른 후 보내고 싶은 사진을 선택하고 하단의 [보내기] 버튼을 누릅니다.

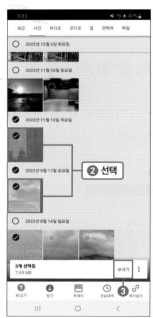

Tip │ 사진은 중복으로 선택할 수 있습니다.

❹ 6자리 숫자키가 생성되었습니다. 컴퓨터 화면으로 돌아와 스마트폰에서 생성된 숫자키를 '받기' 란에 입력하고 키보드의 Enter 키를 누르면 사진이 컴퓨터로 전송됩니다. 전송된 사진은 컴퓨터의 [다운로드] 폴더에 저장됩니다.

잠깐만요❗ 반대로 컴퓨터에서 스마트폰으로 파일을 보낼 때는 샌드 애니웨어 컴퓨터 화면에서 '보내기' 하단의 [+] 버튼을 누르고 파일을 선택한 후 [보내기]를 클릭합니다. 숫자키가 생성되면 스마트폰의 샌드 애니웨어 앱 화면 하단에서 [받기] 버튼을 누르고 숫자키를 입력하세요.

샌드 애니웨어는 용량이 큰 파일도 주고받을 수 있다는 장점이 있습니다. 스마트폰과 컴퓨터 간 파일을 전송하는 방법에는 여러 가지가 있으므로 조건과 상황에 맞는 방법을 사용하시면 됩니다. 메일이나 카카오톡 등을 사용하는 방법이 대표적입니다.

07

"인터넷 앱 활용해 일상을 편리하게!"
스마트폰 인터넷 기초

스마트폰으로 가장 많이 하는 활동 중 하나가 바로 인터넷 검색입니다. 언제든 인터넷을 통해 내가 원하는 정보를 바로 얻을 수 있고, 세상 돌아가는 소식을 접할 수도 있죠. 이번 시간에는 스마트폰으로 인터넷을 즐기기 위해서 대표적인 브라우저 두 가지를 다뤄 보겠습니다. 바로 네이버(Naver)와 크롬(Chrome)입니다.

지금까지도 스마트폰 검색 기능을 잘 활용해 오셨겠지만, 이번에는 네이버 및 구글 앱 사용법 몇 가지를 더 익혀 보겠습니다. 새로 배운 기능을 응용하여 조금 더 편리한 인터넷 생활을 즐겨 봅시다.

드넓은 정보의 바다인 인터넷 세상을 자유롭게 여행하실 준비 되셨나요?

QR 코드를 스마트폰 카메라로 비추어 저자의 영상 강의를 시청해 보세요. ▶

01 네이버 앱 사용법

'네이버(Naver)'는 대한민국 최대 포털 사이트입니다. 우리는 궁금한 내용을 검색하거나 뉴스를 찾아보는 경우, 물건을 구매하는 경우 등 다양한 상황에서 네이버에 접속하곤 합니다. 그만큼 네이버는 우리에게 아주 익숙한 사이트입니다.

네이버의 많은 서비스를 스마트폰에서 편리하게 이용하려면, 스마트폰에 네이버 앱을 설치하는 것이 좋습니다. 네이버 앱을 설치한 후 다양한 기능을 익혀 봅시다.

> **잠깐만요!** 포털(Portal)은 현관문이라는 의미로, 포털 사이트는 인터넷 사용자들이 인터넷에 접속할 때 기본적으로 거쳐 가도록 만들어진 사이트를 말합니다. 네이버 외에도 '다음(Daum)'과 '구글(Google)'과 같은 포털 사이트도 많이 이용됩니다.

무작정 따라하기 01 〈 네이버 앱 설치하기

❶ 'Play 스토어' 앱을 열고 '네이버'를 검색합니다. 앱 오른쪽의 [설치]를 누르세요. [설치] 버튼이 [열기] 버튼으로 바뀌면 앱이 설치된 것입니다.

② 화면을 쓸어 올려 앱스 화면으로 이동하면 '네이버' 앱이 설치된 것을 확인할 수 있습니다.

③ '네이버' 앱을 자주 사용한다면 앱을 길게 눌러 '홈 화면에 추가'해 놓습니다.

① '네이버' 앱을 실행하고 [네이버 시작하기]를 누릅니다. 우선 '로그인'은 하지 않고 접속해 보겠습니다. [나중에 할게요]를 누릅니다.

③ 위치 사용을 허용한다는 문구를 확인한 후, [네이버 시작하기]를 누르면 위치 정보 접근에 대한 팝업이 나타납니다. [앱 사용 중에만 허용]을 선택할 것을 권장합니다.

4 '네이버' 앱 사용 팁에 대한 설명이 나타나니 궁금하신 분은 확인해 보시고, 화면 빈 곳을 눌러 보세요. 네이버 메인 화면이 나타납니다.

5 화면을 오른쪽에서 왼쪽으로 쓸어 넘기면 최신 뉴스를 확인할 수 있고, 반대 방향으로 쓸어 넘기면 쇼핑 메뉴로 이동할 수 있습니다.

1 뉴스 기사를 보다가 다른 사람에게 공유하고 싶다면 두 가지 버튼 중 하나를 활용하면 됩니다. 첫 번째 방법은 기사 내에 있는 [공유] ⬆️ 버튼을 이용하는 방법입니다. '카카오톡'이나 '메일'을 선택해 바로 보내 봅시다.

> **Tip** │ 아래의 [URL 복사] 버튼을 눌러 링크를 복사한 후 전달할 수도 있습니다.

2 두 번째 방법은 네이버 앱 아래의 [공유] ⤴️ 버튼을 이용하는 것입니다. 특히 카카오톡이 아닌 스마트폰 메시지(SMS)로 보내고 싶을 때는 이 방법을 이용하는 것이 좋습니다.

스마트폰 인터넷 기초

7

❶   인터넷 페이지를 저장해 두었다가 나중에 다시 보고 싶을 때에는 네이버의 'Keep' 기능을 활용하는 것이 좋습니다. 네이버 앱 아래쪽의 [∘∘∘] 버튼을 누르면 [Keep에 저장]이라는 메뉴가 나타납니다.

❷   이 기능을 활용하기 위해서는 네이버 계정으로 로그인해야 합니다. 기존 아이디나 비밀번호가 생각나지 않는다면 [비밀번호 찾기] 또는 [아이디 찾기]를 눌러 정보를 찾아야 하고, 또는 [회원가입]을 눌러 네이버 계정을 새로 만들 수도 있습니다.

네이버 앱에 로그인해 보겠습니다.

❶ 앱을 열면 '아이디'와 '비밀번호'를 적는 로그인 화면이 나타납니다. 기존에 아이디를 갖고 있다면 입력하고, 아이디가 없다면 오른쪽 하단의 [회원가입]을 누릅니다. 이어지는 화면에서 '전체 동의하기'에 체크하거나, '필수'라고 표시된 항목에만 체크해도 됩니다. 하단의 [다음]을 선택합니다.

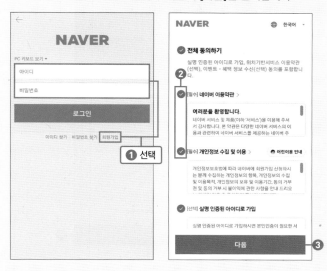

❷ 아이디와 비밀번호를 정하고 모든 빈칸을 채운 후 하단 [인증요청] 버튼을 누르면 휴대폰 문자 메시지로 6자리 인증번호가 옵니다. '인증번호 6자리 입력' 부분에 인증번호를 입력하고 확인합니다.

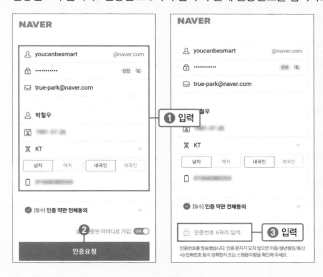

7

스마트폰 인터넷 기초

③ 로그인이 완료되면 Keep 목록에 현재 페이지를 보관할 수 있습니다. 폴더를 구분하고 싶다면 [새 컬렉션 만들기]를 눌러 폴더를 만든 후 해당 폴더에 [저장]합니다.

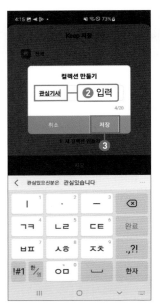
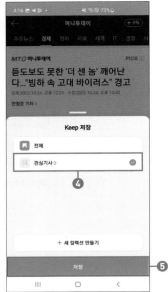

잠깐만요! 관심 있는 정보들을 네이버의 Keep 목록에 모아두면 다른 스마트폰이나 컴퓨터에서도 내 아이디로 로그인해 접근할 수 있습니다. 그리고 'Keep 목록'을 하나의 앱처럼 홈 화면에 추가해서 언제든지 쉽게 목록을 열어볼 수도 있습니다.

① 앞에서 살펴본 것처럼 홈 화면에 자주 방문하는 인터넷 페이지를 추가해 두고 쉽게 접근할 수 있습니다. 네이버 앱 아래쪽의 ⌜⌝ 버튼을 누르면 아래에 메뉴 창이 나타납니다. 이 창을 오른쪽에서 왼쪽으로 쓸어 넘기면 메뉴 목록에 [홈 화면 추가]가 나타납니다.

> **Tip** ｜ 자주 접속하는 페이지를 홈 화면에 추가하면 언제든 해당 페이지에 접속할 수 있어 편리합니다. 예를 들어, 미세먼지 지수를 자주 보는 사람이라면 네이버 검색창에 '미세먼지'를 검색하여 나오는 페이지를 '홈 화면에 추가'해두는 것이죠. 그럼 네이버 앱을 실행해 일일히 검색하지 않아도 홈 화면에 있는 버튼을 눌러 페이지에 바로 접근할 수 있습니다.

❷ 알아보기 쉽게 이름을 입력하고 [추가]를 누르면 홈 화면에 버튼이 추가됩니다.

❸ 알아보기 쉽게 이름을 입력하고 [추가]를 누르면 홈 화면에 버튼이 추가됩니다. 이 버튼만 누르면 언제든지 해당 페이지로 바로 이동할 수 있습니다.

02 크롬 앱 사용법

크롬(Chrome)은 구글에서 개발한 웹 브라우저입니다. '웹 브라우저'란 인터넷을 활용하기 위한 프로그램을 뜻하며, 과거에는 대부분의 컴퓨터에서 '인터넷 익스플로러(Internet Explorer)'를 웹 브라우저로 사용하였습니다.

인터넷 주소를 입력해 접속해야 할 경우, 또는 스마트폰에서 링크를 누르는 경우 연결프로그램으로 크롬을 사용해 보겠습니다.

무작정 따라하기 01 〈 크롬 앱 찾기/설치하기

❶ 'Play 스토어' 앱을 열고 '크롬'을 검색합니다. '크롬' 앱 오른쪽 [설치] 버튼을 누르세요.

> **Tip** | 버튼에 '설치' 대신 '열기'라고 되어 있다면 이미 크롬 앱이 스마트폰에 설치되어 있다는 의미입니다. 보통 안드로이드 폰에는 기본적으로 '크롬' 앱이 설치되어 있습니다.

② 크롬 앱 아이콘을 찾지 못하는 경우, 화면을 쓸어 올려 앱스 화면으로 이동한 후 상단 검색창에 '크롬'이라고 검색합니다.

③ 검색 결과가 나타나면 앱을 꾹 누른 후 [앱 위치 찾기]를 선택하세요. 앱 아이콘이 어디에 있는지 볼 수 있습니다. 자주 사용하는 앱이니 홈 화면에 추가해 둡니다.

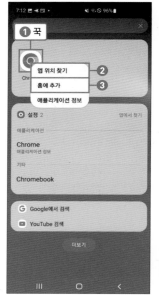 

① 크롬 앱을 열어 볼까요? 처음에는 자동으로 기본 페이지가 설정되어 있습니다. 내가 원하는 페이지로 설정하기 위해 오른쪽 상단의 ⋮ 버튼을 눌러 [설정]을 선택합니다.

② 설정 페이지에서 아래로 화면을 내리면 [홈페이지] 메뉴가 보입니다. 원하는 페이지 주소를 적고 ← 버튼을 눌러 빠져 나옵니다.

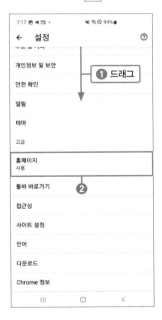

❸ 이제 ⌂ 버튼을 누르면 설정한 사이트의 화면이 보일 것입니다. 저는 구글 사이트를 예시로 넣어 보았는데 여러분은 본인이 즐겨보는 사이트 주소를 넣으면 됩니다.

❶ 상단에 보이는 주소창에 원하는 검색어를 넣으면 구글의 검색 결과를 보여 줍니다. 예시로 '박철우 강사'를 검색한 후, 관련 기사를 눌러 보았습니다.

② 기사를 다른 사람에게 공유하고 싶다면 오른쪽 위 🔢 버튼을 누르고 [공유]를 선택합니다.

③ 화면 아래에 보이는 메뉴 중 [자세히]를 누르고 카카오톡이나 메시지로 공유해 보세요.

❶ 검색 결과 중 [이미지] 탭으로 이동하고 이미지를 선택해 봅시다.

❷ 저장하고 싶은 이미지가 있다면 이미지를 길게 눌러 [이미지 다운로드]를 누릅니다.

3 다운로드가 완료되었다는 문구가 나타납니다. 갤러리 앱을 열어보면 '다운로드' 앨범 안에 이미지가 저장된 것을 확인할 수 있습니다.

무작정 따라하기 05 **크롬의 추가 기능 살펴보기**

- **새 탭**: 현재 보이는 창을 그대로 두고, 다른 창을 띄우고 싶을 때 선택합니다.
- **방문 기록**: 기존에 방문했던 사이트들을 체크하고 다시 들어갈 수 있습니다.
- **북마크**: 현재 보이는 페이지를 즐겨찾기로 등록하고 관리할 수 있습니다.
- **홈 화면에 추가**: 현재 보이는 페이지를 앱 아이콘으로 홈 화면에 추가할 수 있습니다.
- **데스크톱 사이트**: 스마트폰이 아닌 컴퓨터(PC)에서 보는 것처럼 화면이 바뀝니다.

카카오톡
200% 활용

08

"국민 메시지 앱 카카오톡 완전정복!"
카카오톡 활용 기초 기본 기능 마스터

카카오톡은 스마트폰을 가진 사람은 모두 사용한다고 해도 과언이 아닌 국민 앱입니다. 이제 카카오톡 없이는 지인들과 원활히 소통하기가 어려워졌을 만큼, 많은 사람들이 카카오톡으로 소통하고 있습니다.

카카오톡을 통해 메시지와 전화, 영상 통화는 물론 생활 속에서 유용히 사용할 수 있는 다양한 기능 및 서비스를 이용할 수 있습니다.

지금까지 카카오톡을 이용해 단순히 메시지만 보내왔나요? 내게 맞게 설정을 변경하며 더 유용하게 활용해 봅시다. 내 프로필과 친구를 관리할 수 있는 편리한 방법도 소개합니다.

QR 코드를 스마트폰 카메라로 비추어 저자의 영상 강의를 시청해 보세요. ▶

카카오톡을 사용하기 위해 앱 설치 및 가입 순서에 대해 알아보고 기존의 폰에서 사용하던 카카오톡의 계정을 새 폰으로 옮겨 사용하는 방법을 익혀 보겠습니다.

무작정 따라하기 01 〈 앱 설치

1 플레이 스토어에서 카카오톡을 검색하고 [설치] 버튼을 누릅니다. 설치가 끝나면 [열기] 버튼으로 바뀝니다.

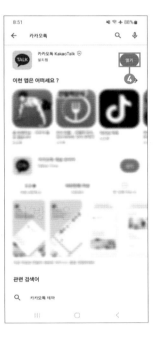

② 카카오톡 설치가 끝나면 앱이 앱스 화면에 저장됩니다. 자주 사용하는 앱인 만큼 홈 화면으로 옮겨 놓는 것을 추천합니다. 앱스 화면의 카카오톡 앱을 길게 누르면 홈 화면으로 이동됩니다.

무작정 따라하기 02 **카카오톡 가입**

① 카카오톡 앱을 열고 권한 [허용하기]를 누릅니다.

② 연락처, 통화, 미디어 접근 [허용] 버튼을 누릅니다.

③ 로그인 화면에서 [새로운 카카오계정 만들기]를 누르면 약관 화면으로 이동합니다. 약관은 '모두 동의합니다.'에 체크해도 되고 필수 항목만 체크해도 됩니다. 그런 다음 [동의하고 계속 진행합니다] 버튼을 누릅니다.

4 전화번호를 입력하고 [확인]을 누릅니다. 문자로 온 인증번호 6자리를 입력하고 [확인] 버튼을 누릅니다.

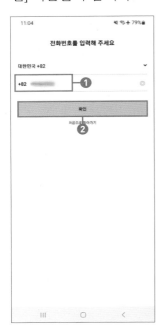

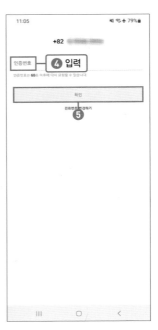

5 새 비밀번호를 입력하고 아래에 같은 비밀번호를 다시 입력한 뒤 [확인] 버튼을 누릅니다. 그 다음 화면으로 넘어가면 이름을 입력하고 '주소록 친구 자동 추가'를 원한다면 체크 후 [확인] 버튼을 누릅니다.

> **Tip** │ '주소록 친구 자동 추가'에 체크하면 내 연락처에 있는 사람들이 카카오톡 친구로 추가 됩니다.

6 이메일을 입력하고 아래 개인정보 수집 동의에 체크한 뒤 [인증메일 발송]을 누릅니다. 이메일을 확인하고 카카오톡으로 돌아와 인증번호 8자리를 입력하고 [확인]을 누릅니다. 카카오톡이 실행되고 하단의 첫 번째 아이콘을 누르면 자동으로 추가된 친구 목록을 볼 수 있습니다.

7 가입 시 카카오톡으로부터 메시지가 전달됩니다. 메시지를 확인하고 [내정보 확인하기]를 눌러 추가 정보를 입력할 수도 있습니다.

기존에 사용하던 폰에서 카카오톡의 정보 및 대화 내용을 백업해 놓고 새 폰에서 복구하여 기존의 카카오톡 정보 그대로 사용할 수도 있습니다. 당연히 기존에 카카오톡을 사용하던 폰과 카카오톡을 복구하기 위한 새 폰이 모두 필요합니다.

무작정 따라하기 01 〉 대화 내용 백업(기존에 사용하던 폰 설정)

❶ 기존에 사용하던 폰의 카카오톡에 들어갑니다. 우측 하단 ⋯ 메뉴를 누르고 [설정] ⚙️ 버튼을 누릅니다. [채팅] – [대화 백업]을 누르고 들어갑니다.

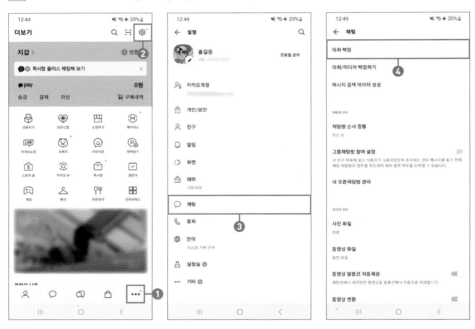

> **잠깐만요!** '대화 백업'은 카카오톡 대화만 백업하고 채팅방 안에 있는 사진이나 영상은 백업되지 않습니다. 바로 아래 '대화/미디어 백업하기'는 사진이나 영상을 같이 백업하는 기능으로 월 구독 서비스입니다.

2 화면 하단의 [대화 백업하기] 버튼을 누르고 백업용 비밀번호를 설정합니다. 우측 상단 [다음] 버튼을 누르면 기존에 사용하던 폰의 대화 내용 백업이 완료되고, 이제 새 폰에서 로그인을 준비하시면 됩니다. (백업용 비밀번호 기억은 필수!)

무작정 따라하기 02〈 **대화 내용 복구(새 폰 설정)**

1 새 폰에서 카카오톡을 열고 전화번호 혹은 이메일과 비밀번호를 입력한 후 [로그인] 버튼을 누릅니다. 다음 화면에서 입력된 전화번호를 확인하고 [확인] 버튼을 누릅니다.

② 문자 메시지로 온 인증번호 6자리를 카카오톡에서 입력하고 [확인] 버튼을 누릅니다. 같은 번호로 가입된 카카오톡이 있다고 뜨는데 [계속]을 눌러야 합니다.

③ 본인의 카카오톡 계정 이름을 입력하고 아래 '주소록 친구 자동 추가'에 체크한 후 [확인]을 누릅니다. 다음 화면에서 [대화 복원하기] 버튼을 누르고 백업용 비밀번호를 입력 후 [확인]!

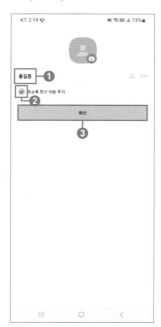  

4 복원이 완료되고 [카카오톡 시작하기]를 누르면 기존에 사용하던 카카오톡의 대화 내용이 새 폰에서 복원됩니다.

잠깐만요! 변경된 전화번호로 카카오톡 복구를 진행하는 경우, 처음에만 이전 전화번호 혹은 이메일로 로그인하고 새 전화번호를 인증 받은 후 같은 방식으로 복원을 진행하면 됩니다.

카카오톡 활용 기초 기능 마스터

03 내 프로필 설정

카카오톡의 프로필은 내가 누군지 그리고 상대방이 누군지 알 수 있게 해 주는 중요한 정보입니다. 또한 생일을 알리고 기분 상태를 표시하는 등 다양한 꾸미기 기능을 활용할 수 있죠. 더 나아가 개인 정보에 관련된 설정까지 관리할 수 있는 중요한 기능입니다.
카카오톡 프로필 설정에서 입력한 정보는 상대방에게 표시되며, 서로 확인이 가능합니다.

무작정 따라하기 01 **프로필 등록**

❶ 카카오톡 앱 친구 목록에서 맨 위에 있는 내 프로필을 누릅니다. 그리고 하단의 [프로필 편집]을 누릅니다.

❷　프로필 사진을 등록해 보겠습니다. 카메라 아이콘이 표시된 프로필 영역을 누르면 메뉴창이 나타납니다. [앨범에서 사진/동영상 선택]을 누르고 갤러리에서 사진이나 동영상을 선택합니다.

❸　사진을 선택하고 하단 편집 옵션 중 [자르기] ⬜ 버튼을 누르면 프로필에서 보이는 영역을 지정할 수 있습니다. 화면 비율을 선택한 후 사진의 모서리 끝 노란색 부분을 눌러 크기를 조절할 수 있습니다. 편집이 끝나면 우측 하단 ✓ 버튼을 누르고 이어서 우측 상단 [확인]을 누릅니다.

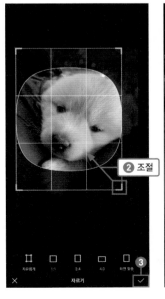

④ 등록된 프로필 사진 확인 후 우측 상단 [완료]를 눌러 프로필 등록을 마무리합니다.

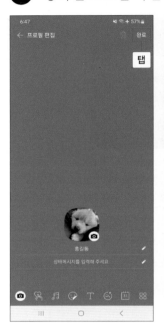

① 프로필의 배경에도 사진을 채워 넣을 수 있습니다. 내 프로필을 누르고 하단 중앙 [프로필 편집]을 누릅니다. 하단에 보이는 설정 옵션들로 배경을 꾸밀 수 있습니다. 그 중 첫 번째 카메라 버튼을 누르면 갤러리가 열리는데 여기서 배경으로 쓸 사진을 선택합니다.

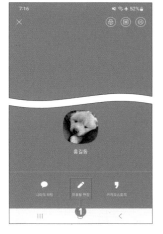

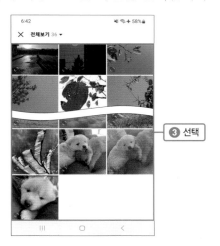

② 사진을 선택하고 하단의 [자르기] ⬜ 버튼을 누르고 들어갑니다.
배경은 세로로 보이기 때문에 하단 [화면 맞춤]을 눌러 배경 비율에 맞게 조절합니다. 사진의 영역을 움직여서 영역을 지정하고 우측 하단 ✔ 버튼을 누릅니다. 최종 이미지 확인 후 우측 상단 [확인]!

8

카카오톡 활용 기초 기능 마스터

③ 배경 이미지를 확인한 후 우측 상단 [완료] 버튼을 누르면 배경 이미지가 적용됩니다.

프로필 꾸미기

1 이름 및 상태 메시지 변경

[프로필 편집]을 누른 후, 내 이름 우측 끝 부분의 🖉 버튼을 눌러 봅시다. 이름을 다르게 설정하고 상태 메시지도 등록할 수 있습니다. 친구 목록과 내 프로필을 살펴볼까요? 상태 메시지가 이름 아래에 표시됩니다.

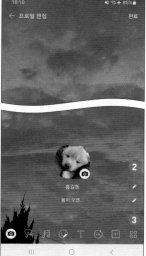

2 디데이 기능 추가

❶   하단의 여러 꾸미기 옵션 중 유용한 기능에 대해서 알아보겠습니다.

디데이를 표시하기 위해 하단 옵션 중 🗓 버튼을 누릅니다. 프로필에 표시할 디데이 중 마음에 드는 디자인을 선택합니다.

❷   설정할 디데이의 이름을 입력하고 날짜를 지정합니다. 설정일을 1일로 포함할지 여부를 체크하고 [확인] 버튼을 누르세요.

③ 화면의 디데이를 손가락으로 움직여 원하는 곳에 위치시키고 우측 상단 [완료]를 눌러 마무리합니다.

잠깐만요! 프로필 배경 꾸미기 하단에 여러 옵션이 있습니다. 프로필 배경 변경은 물론 방문자 표시, 스티커, 텍스트 등 다양한 요소를 넣어 꾸밀 수 있습니다.

스티커 및 효과를 모두 삭제하려면 우측 상단 휴지통 모양의 아이콘을 누르세요. 하나씩 선택하고 ✕ 버튼을 눌러 개별 삭제도 가능합니다.

❶ 몇 가지 설정에 대해 알아보겠습니다. 우측 상단의 [설정] ⚙ 버튼을 눌러 프로필 관리로 이동합니다. [생일 알림] 항목이 보이는데, 카카오톡 친구들에게 내 생일 정보를 공유하고 싶다면 스위치를 켭니다.

❷ [계정 관리] 항목에 들어갑니다. [휴대폰으로 본인인증] 버튼이 보인다면 눌러서 본인인증을 진행합니다.

❸ 필수 항목에 체크한 후 [확인]을 누르고 생년월일과 주민번호 앞자리 그리고 휴대폰 번호를 입력해 문자로 [인증 요청]을 합니다.

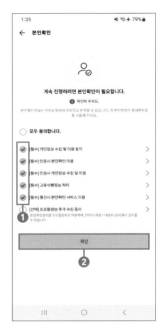

❹ 개인정보 동의에 체크해 주고 [확인]을 누른 후 문자로 오는 코드 6자리를 입력합니다. [다음]을 누르면 인증이 완료됩니다.

5 이번에는 [내정보 관리] 항목에 들어갑니다. '생일'과 '성별' 등록이 안 되어 있다면 하나씩 선택하여 입력해 줍니다.

잠깐만요! 카카오 계정 관리에서 [계정 보안 진단] 항목에 빨간 글씨로 '주의'라는 표시가 나타난다면 보안이 안전하지 않을 수 있다는 뜻입니다. 해당 항목을 누르고 빨간색으로 표시된 항목을 선택해 보안을 강화하는 것을 추천합니다.

카카오톡 친구 목록에는 수많은 사람들이 친구로 등록되어 있습니다. 새롭게 추가되는 친구부터 누군지 알 수 없는 사람까지 목록에 뜨죠. 또한 자주 연락하는 사람은 따로 보고 싶을 수도 있고, 목록에서 보고 싶지 않거나 차단하고 싶은 사람이 있을 수도 있습니다.
친구 목록을 쾌적하게 관리하는 방법에 대해 알아보겠습니다.

무작정 따라하기 01 〈 친구 추가

❶ '카카오톡 자동 친구 추가'가 설정되어 있는 경우 폰에 상대방의 번호를 저장하면 자동으로 친구 추가가 됩니다. 이 설정은 카카오톡 친구 목록 우측 상단의 [설정] ⚙️ - [친구 관리] 항목에서 확인할 수 있습니다. '자동 친구 추가'의 스위치를 끄면 자동으로 친구 추가를 하지 않습니다.

잠깐만요! 카카오톡 '자동 친구 추가' 설정을 한 상태에서 특정 인물을 자동으로 친구 추가되지 않도록 하는 방법이 있습니다. 스마트폰에서 다른 사람의 전화번호를 저장할 때 이름 앞에 #을 붙여 저장하면 카카오톡에서 자동으로 친구 추가가 되지 않습니다.

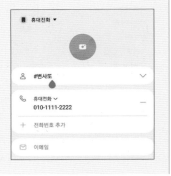

② 친구를 추가하는 또 다른 방법이 있습니다. 카카오톡의 친구 목록에서 우측 상단의 [친구 추가] 👤 버튼을 누르면 네 가지 옵션이 나타납니다. 그 중 [ID로 추가]를 눌러 보겠습니다.

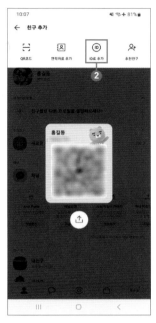

③ 상대방의 ID를 입력하고 우측 상단 [확인] 버튼을 누르면 연락처를 저장하지 않고 ID로 '친구 추가'를 할 수 있습니다.

상대방도 내 연락처 대신 ID를 이용하여 친구 추가를 할 수 있기 때문에 카카오톡 ID를 생성하는 것이 좋습니다. 카카오톡 ID를 만드는 방법을 알아봅시다.

❶ 카카오톡 우측 하단 ⋯ 메뉴에서 우측 상단의 [설정] ⚙ 버튼으로 들어갑니다. 맨 위 [프로필 관리]를 누르고 [카카오톡 ID] 항목을 선택합니다.

❷ 카카오톡 ID 등록창에 새로운 아이디를 입력하고 [확인] 버튼을 누릅니다. 등록된 ID는 1회 변경 가능합니다. [확인]을 누르면 'ID 검색 허용'의 스위치가 노란색으로 켜집니다.

1 카카오톡 친구 목록에서 숨기고 싶은 친구의 이름을 길게 누르면 창이 나타납니다. 그중 [숨김]을 누르고 [확인]하면 선택한 친구를 숨길 수 있습니다.

2 숨김 친구 목록을 보려면 친구 목록 우측 상단 [설정] ⚙ 버튼을 누르고 [친구 관리]로 들어갑니다. [숨김 친구 관리]에서 목록을 확인할 수 있습니다.

❸ 숨김 친구 목록에서 이름 옆 [관리] 버튼을 누르면 친구 목록으로 복귀하거나 차단, 또는 친구 삭제를 할 수 있습니다.

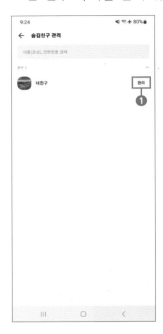

> **Tip** | 숨김 친구는 나에게만 표시되며 메시지는 그대로 주고받을 수 있습니다. 그리고 숨김과 삭제 여부를 상대방은 알 수 없습니다.

무작정 따라하기 03 〈 **친구 차단**

❶ 카카오톡의 친구 목록에서 차단하고 싶은 친구의 이름을 길게 누릅니다. 창이 나타나면 [차단]을 선택하고 [확인]을 누릅니다.

2 차단 친구 목록을 확인해 보겠습니다. 친구 목록 상단 [설정] ⚙ 버튼을 누르고 [친구 관리]로 들어가서 [차단 친구 관리]를 누릅니다.

3 차단 친구 이름 우측 [관리] 버튼을 누르면 메시지만 차단하거나, 메시지 차단과 함께 내 프로필도 보이지 않게 할 수 있습니다. 그리고 다시 차단을 해제할 수도 있습니다.

Tip | 차단한 상대가 나에게 메시지를 보냈다면 나에게 메시지가 오지 않고 상대방에게 읽지 않은 메시지로 표시됩니다. 그리고 차단 여부를 상대방은 알 수 없습니다.

05 채팅 관리

카카오톡의 가장 중요한 기능은 바로 채팅입니다. 실시간으로 메시지를 주고받으며, 사진
과 영상뿐만 아니라 음성 메시지, 이모티콘 등 다양한 콘텐츠를 주고받을 수 있죠. 이렇듯
다양한 방식으로 사람들과 소통할 수 있는 카카오톡 채팅의 사용법을 알아보겠습니다.

무작정 따라하기 01 〈 채팅 주고받기

❶ 카카오톡 친구 목록에서 메시지를 보내고 싶은 상대를 선택하면 상대의 프로필을 자
세히 볼 수 있습니다. 또한 하단 [1:1채팅]을 누르면 메시지를 보낼 수 있습니다.

2 하단 입력 창을 눌러 메시지를 입력하고 [보내기] ▶ 버튼을 누르면 전송됩니다. 메시지 내용 오른쪽에 노란색으로 '1'이 표시되면 상대가 해당 메시지를 아직 읽지 않은 것입니다. 상대와 나눈 채팅 이력은 카카오톡 채팅 목록에 자동으로 저장됩니다.

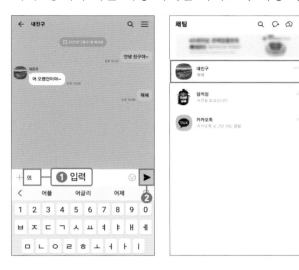

무작정 따라하기 02 〈   채팅 지우기

1 메시지를 보내고 보낸 메시지를 바로 지울 수 있습니다. 지우고 싶은 메시지를 길게 누르면 창이 나타나는데 [삭제]를 누르고 '모든 대화 상대에게서 삭제'에 체크한 뒤 [확인]을 누릅니다.

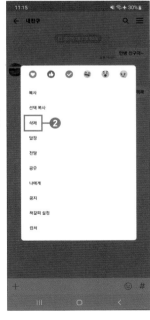

❷ 메시지를 확인하고 [삭제] 버튼을 선택하면 채팅창에서 해당 메시지가 삭제됩니다. 상대방의 채팅창에서도 삭제된 메시지로 뜹니다.

> **Tip** │ 모든 대화 상대에게서 삭제를 하기 위해서는 메시지를 보내고 5분 안에 삭제해야 합니다. 5분이 넘어가면 메시지를 삭제해도 내 기기에서만 삭제됩니다.

무작정 따라하기 03 〈 **채팅방 지우기**

채팅 목록에서 지우고 싶은 채팅 목록을 길게 누르고 [나가기] 버튼을 누르면 해당 채팅 목록을 삭게할 수 있습니다.

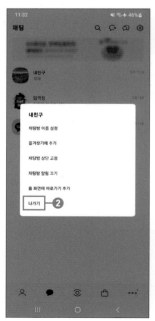

❶ 채팅 입력창 왼쪽 ⊞ 버튼을 누르면 여러 가지 옵션이 나타납니다. 원하는 버튼을 눌러 콘텐츠를 상대방에게 보낼 수 있습니다. 사진이나 영상을 보내고 싶다면 [앨범]을 눌러 봅시다.

❷ 하단에 내 갤러리의 사진, 영상이 나타나는데 그 상태에서 사진을 선택해 보내도 됩니다. 하지만 좀 더 편하게 보려면 좌측 하단 [전체]를 눌러 앨범을 확인하면서 여러 장의 사진을 보낼 수도 있습니다. 선택이 끝나면 우측 상단 [전송] 버튼을 누릅니다.

잠깐만요! 전체보기 창에서 좌측 하단에 '사진 묶어보내기'를 체크하면 묶음으로 보낼 수 있습니다. 그리고 전체보기 창 우측 하단의 ••• 버튼을 누르면 사진과 동영상의 화질을 선택해 보낼 수도 있습니다.

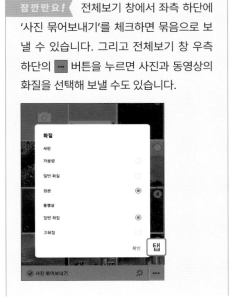

8

카카오톡 활용 기초 기능 마스터

❸ 갤러리에서 바로 사진이나 영상을 보낼 수도 있습니다. 갤러리에서 보내고 싶은 사진이나 영상을 길게 눌러 선택하고 하단 [공유] 버튼을 누릅니다. 나타나는 하단 앱 목록에서 카카오톡을 누릅니다.

❹ 상단 친구 목록 또는 채팅 목록에서 공유 대상을 지정한 뒤 우측 상단 [확인]을 누르면 상대에게 전송됩니다.

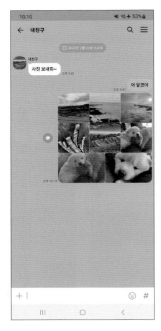

06 채팅방 관리

카카오톡에는 1:1 채팅 외에 다양한 채팅을 활용할 수 있습니다. 카카오톡에 있는 다양한 채팅방 기능을 살펴보고 사용법에 대해 알아보겠습니다.

무작정 따라하기 01 ᐳ 단톡방(그룹 채팅방)

❶ 채팅 목록에서 우측 상단 [새로운 채팅] ⟳ 버튼을 선택합니다. 새로운 채팅 옵션 중 [일반채팅]을 선택하고 초대할 대화 상대를 체크한 후 우측 상단 [다음]을 누릅니다.

 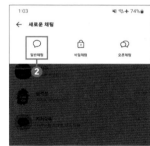 

❷ 단톡방의 이름과 프로필 이미지를 설정하고 [확인]을 누르면 단톡방이 생성됩니다. 우측 상단 ☰ 버튼을 누르면 초대된 대화 상대 목록을 볼 수 있고 [대화상대 초대]를 눌러 상대를 추가할 수도 있습니다.

> **Tip** │ 상대방과 1:1 채팅 중일 때도 우측 상단에 세 줄 아이콘을 눌러 [대화상대 초대]를 하면 단톡방을 생성할 수 있습니다. 기존 1:1 채팅방은 유지되고 새롭게 단톡방이 생성됩니다.

❶ 카카오톡의 채팅 목록에서 우측 상단 [새로운 채팅] ⟳ 버튼을 선택하고 [비밀 채팅]을 누릅니다.

❷ 친구 목록에서 상대방을 체크하고 [확인]을 누르면 비밀 채팅방이 생성됩니다.

> **Tip** │ 비밀 채팅방의 내용은 오직 스마트폰에서만 확인이 가능합니다. 즉, 카카오톡 PC버전으로 로그인을 해도 확인할 수 없습니다. 심지어 카카오톡 서버에서도 확인할 수 없는 암호화된 대화방이라고 보시면 됩니다.

① 카카오톡의 채팅 목록에서 [새로운 채팅] ☺ 버튼을 선택하고 [오픈채팅]을 누릅니다. 오픈채팅 만들기 옵션에서 [그룹 채팅방]을 선택합니다.

② 오픈 채팅방의 이미지를 등록하고 채팅방의 이름과 관련 해시태그를 설정합니다. 그리고 프로필 설정 항목에서 [새 오픈 프로필]을 선택합니다.

3 새 오픈 프로필의 이미지, 이름 등을 설정합니다. 하단의 '검색 허용'은 누구든 내 오픈 프로필을 검색할 수 있게하는 스위치입니다. 프로필 설정이 끝나면 우측 상단 [완료]를 누릅니다.

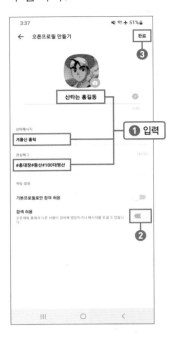

4 채팅방 설정으로 돌아가서 '프로필 설정' 항목에 새로운 오픈 프로필이 적용된 것을 확인하고 우측 상단 [완료]를 눌러 오픈 채팅방 생성을 완료합니다.

❺ 오픈 채팅방의 좌측 상단 채팅방 이름 아래의 [공유하기] 버튼을 눌러 [링크 복사] 후 문자로 전송하면 상대방이 채팅방에 쉽게 참여할 수 있습니다. 또는 [링크 공유]를 눌러 카카오톡 친구에게 링크를 전송할 수도 있습니다.

잠깐만요! 상대방이 오픈 채팅방을 검색하여 참여할 수도 있습니다. 하단의 채팅 목록 중 [오픈채팅]() 버튼을 선택하고 상단의 검색 창에 오픈채팅방의 이름을 검색합니다.

6 오픈 채팅방 우측 상단 ☰ 버튼을 누르면 [오픈채팅 관리] 버튼이 보입니다. 그곳에서 다양한 설정을 변경할 수 있습니다.

잠깐만요! 기본적으로 오픈 채팅방에서는 1:1 채팅을 보낼 수 없습니다. 단, 오픈 프로필로 채팅에 참여한 사람에게는 1:1채팅을 보낼 수 있습니다.

① 멀티 프로필은 또 다른 프로필을 만들어 지정한 상대에게만 보이게 하는 기능입니다. 카카오톡 친구 목록의 내 프로필 바로 밑에 '내 멀티프로필'이 있습니다. ⊕ 버튼을 눌러 새로운 프로필을 등록하고 [완료]를 누릅니다.

② 새로운 프로필이 생성되면 [친구 관리]를 누르고 [지정친구 추가]를 선택합니다. 친구를 지정하고 우측 상단 [확인]을 누르면 해당 친구는 나의 새로운 프로필을 보게 됩니다.

3 멀티프로필의 지정 친구를 추가할 때는 내 멀티프로필 들어가 하단의 [친구 관리] 에서 [지정친구 추가]를 누릅니다.

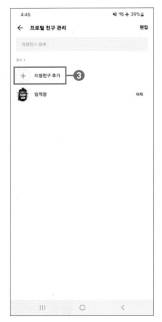

4 내 멀티프로필 우측 상단의 [설정] ⚙ 버튼을 누르고 들어가면 하단에 [삭제] 버튼이 있습니다. 이 버튼을 눌러 멀티프로필을 삭제할 수도 있습니다.

Tip | 멀티 프로필은 3개까지 생성됩니다.

172

카카오톡의 친구 목록에서 내 프로필을 누르면 하단에 [나와의 채팅] 옵션이 있습니다. 이 기능은 나에게 메시지를 보내는 기능으로, 메모장으로도 활용 가능합니다.

그 밖의 유용한 카카오톡 설정 및 기능에 대해서 알아보겠습니다.

무작정 따라하기 01 〈 ### 카카오톡 알림

❶ 카카오톡 친구 목록에서 우측 상단 [설정] 버튼을 누르고 [전체 설정]으로 들어가 [알림]을 선택합니다.

❷ 소리는 물론 진동 패턴 등 다양한 알림 설정을 할 수 있습니다. 또한 [알림 표시] 메뉴에서 알림 내용을 '이름'으로 선택하면 카톡 알림이 왔을 때 이름만 표시됩니다.

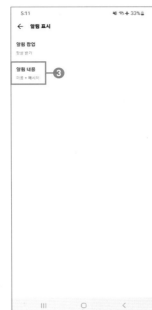

❸ 카카오톡 채팅 목록에서 채팅방을 지정해 알림을 끌 수도 있습니다. 자주 울리는 단톡방의 알림을 끄고 싶다면 해당 단톡방을 길게 눌러 [채팅방 알림 끄기]를 선택합니다.

자주 이용하는 채팅방은 상단에 고정시킬 수 있습니다. 원하는 채팅방을 길게 눌러 [채팅방 상단 고정]을 선택하면 해당 채팅방은 항상 상단에 노출됩니다.

❶ 채팅방에서 이전 대화를 검색하는 기능입니다. 채팅방 우측 상단 🔍 버튼을 누르고 검색할 내용을 입력한 뒤 자판의 🔍 버튼을 눌러 검색합니다. 채팅방 안에서 해당 단어를 찾을 수 있고, 여러 번 반복된다면 화살표 버튼을 눌러 이동할 수도 있습니다.

❷ 날짜로 대화 내용을 검색할 수도 있습니다. 채팅방 우측 상단 🔍 버튼을 누르면 달력 📅 버튼이 보입니다. 달력 버튼을 누르면 대화를 나눈 날짜가 진하게 표시된 것을 볼 수 있습니다. 날짜를 선택한 뒤 [확인]을 누르면 그 날짜에 나눈 대화로 이동합니다.

8

카카오톡 활용 기초 기능 마스터

09

"안되는게 없는 올인원 메신저 앱"

카카오톡 활용 심화

카카오톡은 메신저 기능을 넘어 다양한 서비스를 제공하는 앱으로 진화했습니다. 편리한 일상을 위해 카카오톡에서 지원하는 다양한 기능과 서비스를 적극 활용하는 것이 좋습니다.

내 계좌와 연동해서 사용할 수 있는 '카카오페이', 카카오톡 친구에게 선물을 전하는 '카카오톡 선물하기' 기능 등은 한 번 익혀 두면 매우 유용하게 사용할 수 있습니다.

그렇다면 카카오톡이 제공하는 여러 기능을 살펴보고 어떻게 하면 효과적으로 활용할 수 있는지 알아보겠습니다.

QR 코드를 스마트폰 카메라로 비추어 저자의 영상 강의를 시청해 보세요. ▶

01 카카오뱅크 가입하기

카카오뱅크는 스마트폰에서 편리하게 접속할 수 있는 온라인 은행으로 카카오톡과 연동하여 사용하여 편의성을 높일 수 있습니다.

무작정 따라하기 01 〈 카카오뱅크 앱 받기

1 플레이 스토어 앱에서 '카카오뱅크'를 검색하고 설치합니다.

1 카카오뱅크 앱을 실행하여 [동의하고 시작하기]를 누릅니다. 위치서비스 허용은 [앱 사용 중에만 허용]을 권장합니다.

  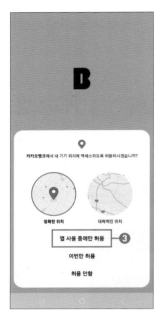

2 전화 관리 허용 여부를 선택하고 [카카오계정으로 시작하기]를 누릅니다. 그리고 이어지는 필수 항목에 체크하고 [동의하고 계속하기]를 진행합니다.

❸ 약관의 필수 항목에 체크합니다. 선택 항목은 잘 읽어보고 동의 여부를 판단합니다. [카카오뱅크 시작하기]를 누르고 광고성 정보 안내를 받을지 여부를 선택하면 가입이 완료됩니다. 로그인이 완료되면 최종화면 우측 상단에 카카오톡의 내 프로필이 보입니다.

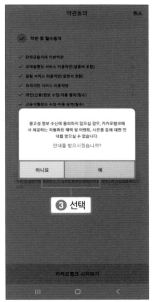

무작정 따라하기 03 〉 **카카오뱅크 계좌개설**

❶ 카카오뱅크 앱에서 [계좌 개설하기]를 누르고 이어지는 화면에서 [신청하기]를 선택합니다.

2 본인 확인을 위해 이름과 주민번호를 적은 뒤 전화 인증을 진행합니다. 그리고 카카오뱅크의 잠금장치 수단을 등록하기 위해 [다음]을 누릅니다.

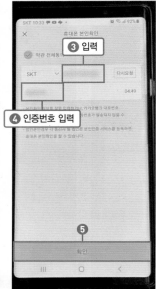

3 지문을 등록할 수도 있고 패턴을 등록할 수도 있습니다. 잠금 기능을 설정하고 카카오뱅크 이용 시 인증을 위한 비밀번호를 설정합니다. 이 비밀번호는 공인인증서 비밀번호와 비슷한 역할을 합니다.

> **Tip** | 지문 및 패턴 등록은 카카오뱅크 앱을 열 때 필요하며, 6자리 인증 비밀번호는 '송금하기'와 같은 주요 기능을 사용할 때 필요합니다.

4 [다음]을 눌러 계좌 개설을 위한 정보를 입력합니다. 영문 이름, 집 주소 등 세부 정보를 입력 또는 체크하고 [다음]을 누릅니다. 마지막 화면의 '거래목적'과 '자금출처'는 해당 내용을 선택하고, 아래 항목에 체크하여 다음 단계로 넘어갑니다.

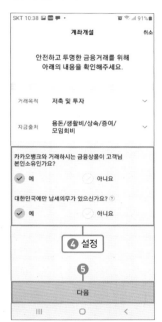

5 약관에 체크하고 [다음]을 눌러 통장의 비밀번호를 설정합니다. 그리고 아래 질문사항에 체크하고 이메일을 기입한 후 [다음]을 누릅니다.

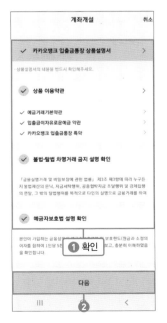
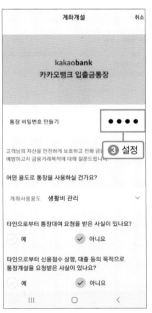
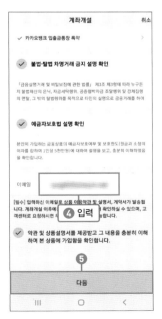

6 추가 본인확인을 위한 3가지 방법 중 한 가지를 선택하고 [다음]을 누르면 신분증 혹은 운전면허증 촬영을 위한 가이드가 나타납니다. 신분증을 준비하고 [다음]을 눌러 카메라 사용 권한을 허용한 뒤 신분증을 촬영합니다. 영역 안에 신분증을 위치시키면 촬영이 자동으로 진행됩니다.

7 신분증 정보가 잘 인식되었는지 확인합니다. 부족하면 [재촬영]을 선택하고, 정보가 정확하다면 [다음]을 누릅니다. 이전 단계에서 추가 본인확인 방법을 '다른 은행 계좌'로 선택했기 때문에 보유 중인 은행 이름과 계좌번호를 입력하고 [다음]을 누릅니다.

> **Tip** | 다른 은행의 앱이 없거나 계좌내역 확인이 불가능하다면 '셀카 촬영'의 방법을 사용하시는 것을 추천드립니다.

8 방금 입력한 계좌로 1원이 입금되는데 보낸 사람의 앞 4글자를 입력해야 인증이 완료됩니다. 보낸 사람의 앞 4글자를 적고 [확인]을 누르면 확인되었다는 메시지가 뜹니다. 다시 한 번 [확인]을 누릅니다.

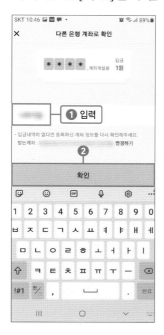

9 앞서 설정했던 6자리 인증비밀번호를 입력하면 계좌 개설이 완료됩니다.

> **Tip** | 카카오뱅크를 자주 사용할 목적이라면 [체크카드 신청하러 가기]를 눌러 체크카드를 발급받아도 좋습니다.

➓ 개설된 계좌의 홈 화면에 내 계좌의 이름 및 카카오톡 프로필이 보입니다. 계좌를 선택하고 들어가면 내 계좌번호와 잔액을 확인할 수 있습니다.

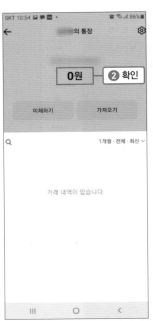

잠깐만요! [이체하기] 버튼은 계좌이체를 담당합니다. [가져오기] 버튼은 내 다른 은행 계좌를 등록하고 연결하여, 연결된 계좌의 돈을 가져올 수 있는 기능을 합니다.

02 카카오페이 활용하여 돈 주고 받기

카카오페이는 이전에 가입한 카카오뱅크와 연동하여 카카오톡에서 편리하게 활용할 수 있습니다. 기프티콘은 물론 쇼핑까지 다양하게 활용할 수 있죠. 또한 카카오페이를 통해 계좌번호를 몰라도 쉽게 송금을 하거나 받을 수도 있습니다.
편리한 카카오페이에 대해 알아보겠습니다.

무작정 따라하기 01 〈 카카오페이 계좌연결

❶ 카카오톡 우측 하단의 ⋯ 메뉴에 들어가 노란색 영역의 [pay]를 누르면 카카오페이 홈으로 이동합니다. 우측 상단 [설정] ⚙ 버튼을 누른 후, [연결 계좌] 메뉴로 들어갑니다.

② 연결된 계좌가 없으니 [계좌 추가] 버튼을 누릅니다. 은행 메뉴를 눌러 카카오뱅크를 선택합니다.

③ 카카오뱅크를 선택하고 [연결하기]를 누르면 카카오뱅크 앱으로 연결됩니다. 카카오뱅크의 잠금을 풀어 줍니다. 연결된 계좌의 이름을 확인하고 필수 동의에 체크한 뒤 [확인] 버튼을 누릅니다.

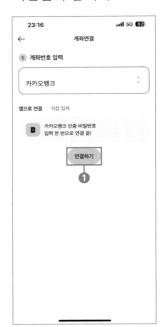  

4 마지막으로 인증 비밀번호가 설정되어 있다면 입력합니다. 계좌 연결이 완료됩니다.

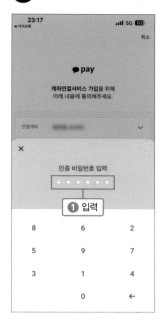

잠깐만요! 카카오페이에 카카오뱅크 말고 다른 은행의 계좌를 연결할 수도 있습니다.

카카오톡 하단의 ⋯ 메뉴에서 노란색 영역의 [pay]를 누릅니다. 카카오페이 홈으로 연결되면 노란색 영역 오른쪽 상단 ⋮ 을 눌러 [연결계좌]를 선택하고 하단 [계좌 추가]를 선택하세요.

카카오페이 돈 주고받기

① 카카오톡 친구 목록에서 돈을 보낼 상대를 선택합니다. 상대의 프로필 우측 상단 ⓦ 버튼을 누르고 보낼 금액을 입력합니다.

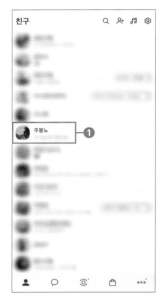

② 왼쪽 아래 '봉투에 담아 보내기'를 체크하면 봉투의 종류를 선택할 수 있습니다. 봉투에 의미를 담아 송금해도 좋겠죠? 금액을 확인한 후 [보내기] 버튼을 누릅니다.

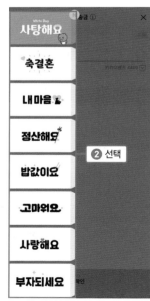

❸ 카카오페이 인증 비밀번호가 설정되어 있다면 비밀번호를 입력해 송금을 완료합니다.

❹ 상대방과의 1:1채팅에 들어가 보면 송금 메시지가 발송된 것이 확인됩니다. 상대방이 돈을 받으면 '받기 완료'라는 메시지가 옵니다.

5 반대로 내가 송금을 받으면 메시지가 도착합니다. [송금 받기] 버튼을 눌러야 받기가
완료됩니다.

잠깐만요! 카카오페이에 돈이 없어도 연결된 내 계좌에 돈이 있다면 자동으로 충전되며 그 금액으로 송금이 진
행됩니다. 예를 들어, 5,000원을 송금하려고 하는데 카카오페이에 돈이 충전되어 있지 않다면 내 계좌에서 카카오
페이로 10,000원이 자동 충전됩니다. 이때 5,000원은 송금되고 5,000원은 카카오페이에 잔액으로 남습니다. 남
은 잔액은 카카오페이에 그대로 두고 사용할 수도 있고 내 연결 계좌에 다시 보낼 수도 있습니다.

03 카카오톡 기프티콘 선물하기

카카오톡 기프티콘 선물하기는 카카오톡에서 가장 인기 있는 기능 중 하나입니다. 선물을 직접 구매하고 만나서 전달하지 않고도 마음을 전할 수 있어 편리합니다. 선물을 보내며 진심을 담은 메시지까지 전달할 수 있죠. 카카오 기프티콘 선물로 소중한 사람에게 사랑을 표현해 보세요!

무작정 따라하기 01 〈 기프티콘 선물하기

❶ 카카오톡 친구 목록에서 선물을 전할 상대를 선택합니다. 친구의 프로필에 들어가 우측 상단 ⊛ 버튼을 누르면 [선물하기] 메뉴가 보입니다.

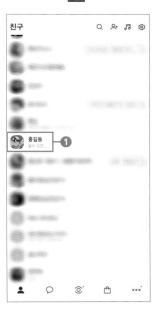

② 선물하기 화면에서 우측 상단 돋보기 버튼을 눌러 선물을 검색하고 고릅니다. 선물을 선택하고 하단의 [선물하기] 버튼을 누릅니다.

③ 선물의 수량과 금액을 확인하고 [선물하기] 버튼을 한 번 더 누르면 카드를 보낼 수 있는 화면으로 이동합니다. 마음에 드는 카드를 선택하고 아래에 짧은 편지도 적어 줍니다.

4 편지를 쓰고 화면을 아래로 내리면 결제 방법을 선택할 수 있습니다. 카카오페이로 결제할 수 있고 카카오페이와 연동된 계좌로 결제할 수도 있습니다. 결제 정보를 선택한 다음 [결제하기] 버튼을 누르면 상대방에게 기프티콘이 전달됩니다.

> **Tip** │ 카카오페이로 결제를 하면 자동으로 카카오페이에 금액이 충전됩니다. 최소 충전금액은 10,000원입니다.

5 상대방과의 1:1채팅창을 보면 기프티콘이 전달된 것을 확인할 수 있습니다.

04 카카오택시 활용하기

카카오택시 앱을 이용하면 내가 있는 장소까지 택시를 부를 수 있습니다. 운행 요금 정보를 미리 확인하고 이용할 수 있다는 장점이 있으며 기사님의 성함과 차종, 차량번호까지 확인 가능합니다. 그리고 앱 내에서 간편하게 결제까지 할 수 있습니다.

무작정 따라하기 01 〈 카카오택시 앱 설치

❶ 카카오택시 앱의 정확한 이름은 '카카오 T'입니다. Play 스토어에서 앱을 다운 받아도 되지만 카카오 관련 앱은 카카오톡에서도 다운로드할 수 있습니다.

카카오톡의 우측 하단의 [⋯] 메뉴를 선택하면 여러가지 서비스 카테고리가 있습니다. [전체서비스]를 누르면 카카오 관련 앱들이 나타나는데 '카카오 T' 앱을 선택하고 [설치]를 누릅니다.

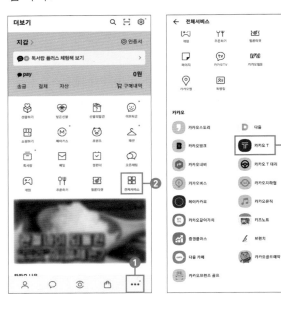

①　카카오 T 앱을 실행하고 권한 허용 내용을 확인한 후 '앱 사용 중에만 허용'으로 권한을 허용합니다.

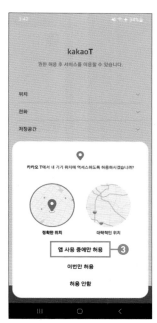

②　사용에 불편함이 없도록 나머지 권한도 허용해 줍니다.

❷　모든 권한 허용이 끝나면 '카카오계정으로 시작하기'를 누릅니다. 이어지는 개인 정보 제공 필수 항목에 체크하고 하단의 [동의하고 계속하기] 버튼을 누릅니다.

❸　휴대폰 인증 화면의 내 번호를 확인한 뒤 [보내기]를 누르고 문자로 도착한 인증번호를 입력합니다. [다음]을 눌러 다음 단계로 이동합니다.

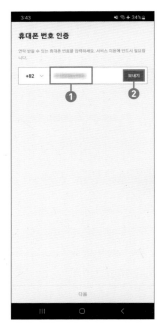 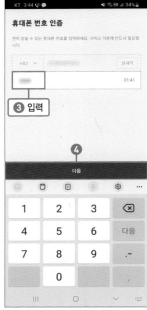

④ 이어지는 화면은 결제 정보 및 차량 정보를 입력하는 창으로 [나중에 하기]를 선택해도 되고 [추가 정보 입력]을 선택해 카카오페이와 연동할 수도 있습니다.

Tip | 카카오택시 결제는 현장 결제도 가능합니다.

⑤ 카카오페이 자동 결제 연결이 끝나면 내 차량 번호 입력 창이 나오는데 이 정보는 대리운전을 호출할 때 사용됩니다. 대리 운전 서비스를 사용할 계획이 있다면 차량번호를 등록하고 홈으로 돌아옵니다.

❶ 카카오 T 앱 홈에서 [택시] 아이콘을 누르면 추가 동의 사항이 나오는데 필수 항목에 체크하고 [동의]를 진행합니다.

❷ 지도에 내 위치가 표시되며 하단 '현위치'가 명시됩니다. '어디로 갈까요?'를 눌러 도착지를 입력하고 주소 목록에서 정확한 도착지를 선택합니다. 그리고 출발지를 다시 한번 설정하고 [확인]을 누릅니다.

③ 택시의 종류와 가격을 확인하고 원하는 택시의 종류를 선택합니다. 택시를 선택했다면 [자동 결제 등록]을 눌러 원하는 결제 방법을 선택하고 [적용하기]를 누릅니다.

Tip | 택시 종류 중 '블루' 택시를 이용하려면 카카오페이 혹은 카드가 연결된 자동 결제 방식이어야만 합니다. 일반 호출은 자동 결제 혹은 현장 결제를 선택하여 결제합니다.

④ [호출하기]를 누르면 택시가 배차됩니다.

Tip | 택시 호출이 된 상태에서 배차를 취소할 경우, 향후 일반 호출 사용에 제한이 생기고 블루 및 다른 서비스는 수수료가 발생할 수도 있습니다.

넷째 마당

스마트폰
카메라 마스터

10

"스마트폰으로 일상을 기록하는 즐거움!"
카메라 200% 활용하기

사진을 찍으려면 값비싼 카메라와 필름이 있어야 했던 시절이 있었습니다. 또한 필름을 매번 교체해야 했고 사진관에 가야만 촬영한 사진을 확인할 수 있었죠. 크고 투박한 캠코더로 동영상을 찍으며 신기해하던 시절도 있었고요.

우리가 살고 있는 지금은 어떤가요? 누구나 스마트폰으로 언제 어디서든 사진이나 동영상으로 일상의 순간들을 기록할 수 있게 되었습니다. 스마트폰 카메라의 퀄리티와 기능은 웬만한 전문 카메라 못지 않게 훌륭해졌죠.

아름다운 여행지에서, 친구들과의 모임에서, 또 귀여운 손주들의 재롱을 볼 때 우리는 여지없이 스마트폰 카메라를 실행합니다. 스마트폰 카메라를 잘 이해하고 활용하면 더 멋지게 일상을 기록할 수 있습니다.

그럼 지금부터 스마트폰 카메라의 사용법과 다양한 기능 및 설정 방법에 대해서 알아보겠습니다.

QR 코드를 스마트폰 카메라로 비추어 섹션 10, 11의 영상 강의를 시청해 보세요. ▶

01 사진 모드 설정 체크 및 촬영하기

스마트폰으로 촬영하는 법을 굳이 배울 필요 없다고 생각할 수도 있습니다. 그만큼 간단하니까요! 하지만 여러 가지 설정을 익혀서 활용하면 사진을 담는 즐거움은 훨씬 더 커질 거예요.

여기에서 설명하는 기능들은 스마트폰 기기마다 조금씩 다를 수 있지만, 큰 구조는 비슷하니 너무 당황하지 마세요!

무작정 따라하기 01 〈 카메라 앱 실행

1 스마트폰의 잠금 화면에서 우측 하단의 카메라 버튼을 왼쪽으로 드래그하거나 홈 화면에서 카메라 앱을 선택하면 카메라 앱이 실행됩니다.

Tip │ '측면 버튼'을 빠르게 두번 눌러도 카메라 앱이 실행됩니다. '측면 버튼' 관련 설정은 28쪽에서 찾아볼 수 있습니다.

2 카메라 앱이 구동되면 촬영 버튼 위에 있는 촬영 모드 목록을 좌우로 움직이거나 촬영 화면을 좌우로 밀어 [사진] 모드로 위치시킵니다.

사진 비율 설정

상단의 옵션에서 [화면 비율] 3:4 버튼을 누르고 원하는 화면 비율을 설정합니다. 초기에는 비율이 [3:4]로 설정되어 있는데, [1:1]이나 [9:16]으로 바꿔 보며 내가 원하는 사진의 비율로 선택합니다.

Tip | 스마트폰을 가로로 돌리면 [3:4] 대신 [4:3]으로, [9:16] 대신 [16:9]로 표시됩니다.

확대해 촬영하는 줌 기능을 활용해 봅시다. 화면 하단 [.5], [1x], [3]는 버튼 중 하나를 누르거나, 그 버튼을 길게 누른 후 좌우로 움직여 보세요. 또는 화면에 두 손가락을 대고 펴거나 오므리면 줌 인(장면 확대), 줌 아웃(넓은 화각으로 촬영)됩니다.

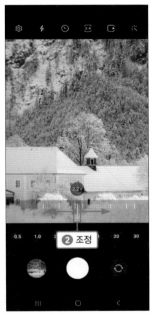

Tip │ 스마트폰 기종에 따라서 [3] 버튼이 [2]일 수도 있습니다.

잠깐만요!
- **[.5] 배율**: 가까운 거리에서 화면 속에 많은 것을 담고 싶을 때 활용하는데, 좁은 공간을 넓게 보여주는 효과가 있습니다.
- **[3] 배율**: 확대할 때 과도하게 높은 배율을 선택하면 화질 저하를 불러올 수 있기 때문에, 스마트폰의 망원렌즈로 촬영하는 [3] 배율을 활용하는 것이 좋습니다. 기종에 따라 [3]이 아니라 [2]로 되어 있는 경우도 있습니다.

1 촬영 버튼을 눌러 사진을 찍으면 하단 왼쪽에 방금 찍은 사진이 작게 보입니다. 이 사진을 누르면 크게 볼 수 있습니다.

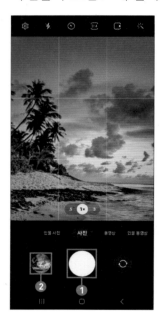

> **Tip** | 촬영 버튼 오른쪽의 버튼을 누르면 본인의 얼굴이 보이는 전면 카메라 모드로 바뀝니다. '셀피 모드'라고도 합니다.

2 촬영 버튼을 아래 방향으로 가져가 누르고 있으면 계속해서 연속 사진이 찍힙니다. 빠르게 움직이는 피사체를 포착하고 싶을 때 유용한 기능입니다.

❸　카메라의 모드가 [사진]에 있을 때 촬영 버튼을 길게 누르고 있으면 동영상 촬영으로 전환됩니다. 버튼을 누르는 시간만큼 동영상이 촬영되고, 또는 누른 채로 바로 위의 자물쇠 모양 버튼으로 가져가면 동영상 촬영이 유지됩니다. [사진] 모드에서 급하게 영상 촬영을 하고 싶을 때 유용한 기능입니다.

❹　촬영자를 따로 둘 수 없을 때는 타이머 기능을 활용하면 됩니다. 화면이 세로일 경우에는 상단, 가로일 경우에는 왼쪽에 보이는 메뉴 중 [타이머] ⊙ 버튼을 누르면 2초, 5초, 10초 등으로 타이머 촬영 설정이 가능합니다. 설정을 하고 나서 사진 촬영 버튼을 누르면 카운트 다운 후 촬영됩니다.

02 동영상 모드 설정 체크 및 촬영하기

사진으로 순간을 포착한다면, 동영상은 순간을 조금 더 생동감 있게 적극적으로 담아내는 도구입니다. 스마트폰을 활용한 동영상 촬영 기능을 이것저것 배우고 활용해 보세요!

무작정 따라하기 01 〈 　동영상 비율 설정

어떤 비율로 촬영할지 선택할 수 있습니다. [동영상] 모드에서 상단의 비율 설정을 확인합니다. 세로 촬영은 [9:16], 가로 촬영은 [16:9]가 일반적이고 무난한 비율입니다.

화면 상단의 [FHD 30] 🔲 버튼을 눌러 동영상 해상도를 설정할 수 있습니다. 해상도를 높일수록 화질은 좋아지지만 동영상 파일의 크기도 커집니다.

> **Tip** | 'FHD'는 'Full HD'의 줄임말로 가장 일반적인 동영상 해상도이지만 최신 스마트폰에서는 FHD의 16배인 8K까지도 해상도를 높일 수 있습니다.

> 잠깐만요! 해상도 옆의 수치, 즉 'FHD 30'의 '30'이 의미하는 것은 '동영상 1초에 포착되는 정지 프레임의 수'입니다. 일반적으로는 '30'이 무난하지만 빠르게 움직이는 피사체를 담거나 생동감을 극대화하고 싶을 때는 '60'으로 변경해 보는 것도 좋습니다.

상단의 손 모양 🖐 버튼을 눌러 볼까요? 노란색으로 바뀌면서 영상의 흔들림을 최소화해 주는 [슈퍼스테디] 기능이 켜집니다.

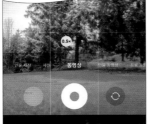

> **Tip** | 촬영할 때는 흔들리지 않게 안정적으로 촬영하는 것이 중요합니다. 촬영을 잘하고 싶다면 카메라를 움직이지 말고 고정하여 촬영하는 연습을 많이 해 보세요!

10

카메라 200% 활용하기

❶ 하단의 빨간색 [촬영] ⦿ 버튼을 누르면 촬영이 시작되며 촬영 버튼이 [일시정지]와 [정지] 버튼으로 바뀝니다. 잠시 촬영을 중단했다가 다시 이어서 촬영할 때는 [일시정지] ▮▮ 버튼을, 완전히 종료하고 싶을 때는 [정지] ▣ 버튼을 누릅니다.

❷ 화면 속에 보이는 피사체를 터치하면 자물쇠 모양이 보이면서 그곳으로 초점이 맞춰집니다. 촬영 중에도 터치하여 초점을 변경할 수 있습니다. 반대로 촬영 중에 초점과 노출값이 바뀌지 않기를 원한다면 화면을 길게 눌러 노출 및 초점을 고정하면 됩니다.

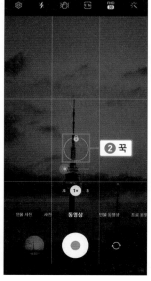

03 카메라 설정 메뉴 체크하기

알아 두면 유용한 카메라 설정에 대해 알아보겠습니다.

무작정 따라하기 01 < 설정 메뉴 살펴보기

❶ 촬영 모드에서 상단 [설정] ⚙ 버튼을 누릅니다. [장면별 최적 촬영] 기능을 켜는 것을 권장합니다. 이 기능은 장면에 따라 카메라의 색상과 효과를 최적화하는 스마트한 기능입니다.

❷ [QR 코드 스캔]도 활용도가 높은 기능이므로 켜 두는 것이 좋습니다. 카메라를 실행해 QR 코드를 스캔할 수 있습니다.

❸ [수직/수평 안내선] 기능이 켜져 있는지 확인합니다. 안내선은 촬영 화면에 나타나는 3×3 분할선을 의미하며, 촬영할 때 수직이나 수평을 맞추는 데 도움이 됩니다. 촬영 결과물에는 안내선이 보이지 않습니다.

잠깐만요! [수직/수평 안내선]이 활성화된 상태에서 4개의 교차점 중 한 곳에 주요 피사체를 배치시켜 촬영하는 것을 '황금비율 촬영'이라고 합니다. 멋진 사진을 원하신다면 도전해 보세요!

❹ [카메라 설정] - [촬영 방법] 메뉴에 들어가 [음성 명령] 기능을 활성화하면 손쉽게 촬영을 할 수 있습니다. 음성으로 '스마일', '김치', '촬영' 또는 '찰칵'이라고 말하면 사진이, '동영상 촬영'이라고 말하면 동영상이 촬영됩니다.

10

카메라 200% 활용하기

215

04 특별한 촬영모드 활용하기

스마트폰의 카메라에서는 사진과 동영상 모드를 가장 많이 사용하지만, 상황에 따라 다양한 모드를 사용하면 더 좋은 결과물을 얻을 수 있습니다. 지금부터 여러 카메라 모드 중 대표적인 몇 가지 기능을 살펴보겠습니다.

무작정 따라하기 01 〈 카메라 모드 찾기

❶ 촬영 버튼 위의 '촬영 모드 목록'을 오른쪽 끝까지 드래그하면 [더보기] 버튼이 나옵니다. 버튼을 누르면 다양한 촬영 모드가 보입니다.

❷ 필요할 때마다 [더보기]를 눌러 촬영 모드를 선택해도 되지만, 자주 사용하는 항목은 버튼을 길게 누른 채로 아래 '촬영 모드 목록'으로 끌고 와 추가할 수 있습니다. 필요 없는 촬영 모드는 다시 [더보기]의 전체 항목으로 끌고 가 제거할 수도 있습니다. '촬영 모드 목록'을 변경한 후에는 반드시 [저장]을 눌러야 반영됩니다.

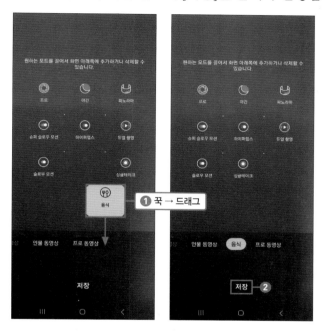

❶ [인물 사진] 모드에서 인물을 촬영하면 일반 [사진] 모드에 비해 배경을 더 흐릿하게 해주어 인물을 돋보이게 하는 효과가 있습니다. 인물과 배경 사이의 거리가 멀수록 더욱 효과적입니다.

> **Tip** | [인물 사진] 모드는 말 그대로 인물을 더욱 강조하기 위한 것이기 때문에, 사물이나 풍경을 촬영할 때는 효과가 적용되지 않습니다.

❷ [인물 사진] 촬영 화면의 오른쪽 하단, 흰색 동그라미 버튼을 누르면 배경의 흐린 정도, 즉 블러 효과 강도를 조절할 수 있습니다.

①　[슬로우 모션] 모드로 빠르게 움직이는 피사체를 촬영하면 영상을 느리게 재생하여 볼 수 있습니다. 다시 말해, 3초 동안 벌어지는 상황을 촬영하여 그 장면을 느리게 24초의 영상으로 보여 주는 것이죠. 순간의 움직임이나 현상을 포착할 수 있는 장점이 있습니다.

> **Tip** │ 나에게 달려오는 반려견이나 귀여운 손주가 신나게 춤추는 모습, 또 여행지에서 시원하게 쏟아지는 폭포 등을 [슬로우 모션] 모드로 촬영해 보면 색다른 결과물을 얻을 수 있습니다.

②　갤러리에 저장된 슬로우 모션 촬영 영상에서 슬로우 모션 구간을 설정할 수도 있습니다. 하단의 [편집] ⌀ 버튼을 누르면 영상 아래에 선들이 보이는데, 중간에 매우 촘촘한 선으로 이루어진 영역이 슬로우 모션 구간입니다. 긴 선을 움직여 슬로우 모션이 적용되는 구간을 재설정할 수도 있습니다.

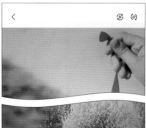
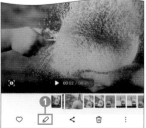

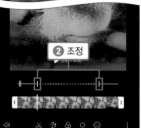

10

카메라 200% 활용하기

❶ [슬로우 모션] 모드가 빠르게 움직이는 장면을 천천히 보여 주는 촬영이라면 [하이퍼랩스] 모드는 긴 시간 동안 벌어지는 과정을 압축하여 보여 주는 촬영입니다. [하이퍼랩스] 촬영을 할 때는 삼각대를 이용하여 카메라를 완전히 고정하는 것이 좋습니다. 상단 버튼을 누르면 촬영한 영상을 얼마나 빠르게 돌릴지 속도를 설정할 수 있습니다.

잠깐만요! [하이퍼랩스] 속도 설정에서 맨 앞의 A는 자동 속도이고, 5, 10, 15, 30, 60은 밝은 환경에 적합한 속도, 달이 그려진 15,45는 어두운 환경에서 촬영하기에 적합한 설정입니다. 속도를 설정하면 화면 상단에 적합한 촬영 상황을 안내하는 문구가 나타나니 참고해 보세요!

② [하이퍼랩스] 촬영이 시작되면 상단에 시간이 나타나는데, 왼쪽의 시간은 최종 결과물의 분량이고 괄호 안의 시간은 현재 촬영 중인 분량입니다. 촬영을 중단하려면 하단의 [정지] ⏺ 버튼을 눌러 줍니다. 예시 상황에서 촬영을 중단한다면, 실제 38초를 촬영했지만 갤러리에는 2초의 영상이 저장되는 것이죠.

10

카메라 200% 활용하기

잠깐만요! 텍스트를 사진으로 찍어 활용할 수도 있습니다. [사진첩]에서 글자가 들어간 사진을 열어 보면 오른쪽 하단에 🅣 버튼이 보입니다. 이 버튼을 누르면 글자로 인식된 영역을 살펴볼 수 있고 그것을 길게 눌러 복사하여 메시지나 메모장에 붙여넣기 할 수도 있습니다. 촬영된 텍스트가 외국어일 경우 구글 번역기로 번역까지 가능합니다.

11

"스마트폰 사진 정리 꿀팁!"

갤러리 관리하기

우리는 일상생활에서 많은 사진을 찍습니다. 셀카부터 음식 사진, 풍경 사진 등 종류도 다양하죠. 내 스마트폰의 갤러리를 열어 보면 이렇게 찍은 수많은 사진들이 쌓여 있습니다.

이렇게 사진이나 동영상이 너무 많이 쌓이면 원하는 사진을 찾기 힘들어집니다. 사진 및 동영상을 삭제하는 방법과 함께, 쌓여 있는 내 스마트폰의 사진들을 효과적으로 관리하고 보관하는 방법에 대해 알아보겠습니다.

또한, 사진을 찍었는데 미묘하게 마음에 들지 않는 경우가 발생할 수도 있습니다. 별도의 앱을 사용하지 않고도 사진의 색감을 조정하거나, 동영상 앞뒤를 자를 수 있습니다. 갤러리 내에서 바로바로 사진 보정과 동영상을 편집하는 방법까지 익혀 보겠습니다.

204쪽의 QR 코드를 스마트폰 카메라로 비추어 섹션 10, 11의 영상 강의를 시청해 보세요.

스마트폰의 갤러리를 열어 보면 두 가지의 보기 모드가 있습니다. 최근에 찍은 순서로 정렬하여 보는 방식과 앨범 별로 보는 방식입니다. 각 모드의 특징을 대해 알아본 후 상황에 따른 보기 모드를 사용하시기 바랍니다.

무작정 따라하기 01 〉 갤러리 모드

❶ 스마트폰의 갤러리 앱을 실행합니다.

하단에 세가지의 메뉴가 있는데 그중 [사진]을 선택하면 최신순으로 정렬된 사진을 볼 수 있습니다. 날짜별로 자동 정리되기 때문에 촬영한 순서대로 확인할 수 있죠.

② 하단의 메뉴에서 [앨범]을 선택하면 사진을 앨범 별로 확인할 수 있습니다. 내 스마트폰의 카메라로 촬영된 사진들은 '카메라' 앨범에 저장되고, 다른 앱을 사용하여 촬영된 사진이나 영상은 그 앱의 이름으로 폴더가 생성되어 저장됩니다. 각각의 폴더 내의 사진, 영상들은 최신순으로 정렬됩니다.

갤러리에 있는 비슷한 이미지를 모아 볼 수도 있습니다.

❶ [사진] 모드의 우측 상단에 세 개의 버튼 [□ Q ⋮]이 보입니다.

그중 □ 버튼을 선택하면 버튼의 색이 파란색으로 바뀌며 자동으로 비슷한 이미지들을 모아줍니다. 썸네일을 보면 비슷한 이미지의 수를 확인할 수 있습니다. 썸네일을 눌러 봅시다.

❷ 좌측 하단에 이미지의 개수가 표시됩니다. 그 숫자를 누르면 모아 놓은 이미지를 볼 수 있습니다. 필요 없는 이미지가 있다면 선택한 후 삭제해 보세요.

02 사진 및 동영상 삭제, 복구

갤러리에 있는 사진을 삭제하고 복구하는 일은 스마트폰으로 촬영하는 것만큼 중요합니다. 스마트폰의 용량은 정해져 있기 때문에 갤러리 정리는 필수입니다. 지금부터 갤러리에서 사진 및 동영상을 삭제하는 방법과 삭제한 사진을 복구하는 방법을 알아보겠습니다.

무작정 따라하기 01 　**사진, 동영상 삭제**

❶　갤러리에서 이미지를 길게 누르면 그 이미지가 선택되며 [삭제] 버튼이 나타납니다. 삭제할 이미지를 추가로 선택하고 [삭제] 버튼을 누릅니다.

② [휴지통으로 이동] 버튼을 한 번 더 누르면 선택한 이미지들이 삭제됩니다.

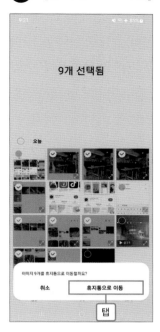

사진, 동영상 복구

① 갤러리에서 ☰ 버튼을 누르고 [휴지통]을 선택합니다.

② 휴지통에서 내가 삭제한 사진과 영상들을 볼 수 있는데, 각각의 사진 하단에 최종 삭제까지 남은 날짜가 표시됩니다. 복구하고 싶은 사진이나 영상을 길게 눌러 선택하고 [복원]을 눌러 갤러리로 다시 불러옵니다.

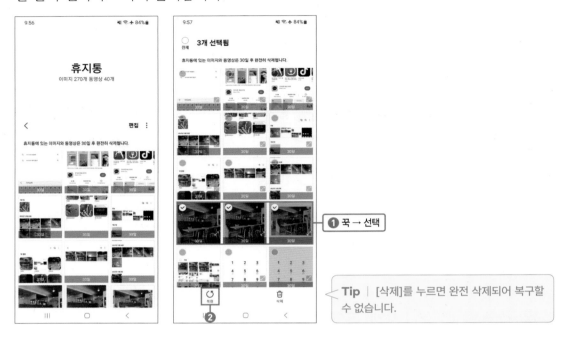

① 꾹 → 선택

Tip | [삭제]를 누르면 완전 삭제되어 복구할 수 없습니다.

③ 휴지통의 모든 사진과 영상들을 한번에 비우고 싶다면 ⋮ 버튼을 누르고 [비우기]를 선택합니다.

03

앨범 생성, 삭제, 변경

내가 좋아하는 사진이나 영상을 모아 놓거나 분류할 때는 앨범을 활용하는 것이 효과적입니다. 앨범을 생성하여 갤러리를 쉽고 편하게, 그리고 안전하게 관리하세요.

무작정 따라하기 01 앨범 생성

❶ 갤러리 모드를 하단 중앙의 [앨범]으로 선택하고 상단의 ⊞ 버튼을 누르면 목록이 나옵니다. 그중 [앨범]을 선택하고 앨범의 이름을 입력한 후 [추가]를 누릅니다.

229

② 앨범이 생성된 후, 기존에 있던 앨범에 들어가 방금 생성한 앨범에 넣을 사진을 선택합니다. 사진 선택이 끝나면 우측 상단의 [완료] 버튼을 누릅니다.

③ 하단에 세 가지 옵션이 나타나는데 [복사]와 [이동] 중 선택하면 새로운 앨범이 생성됩니다.

잠깐만요! [이동]을 선택하면 내가 선택한 사진들이 새 앨범으로 이동됩니다. 반면 [복사]를 선택하면 내가 선택한 사진이 새 앨범으로 복사됩니다. 기존의 앨범과 새 앨범, 두 개의 앨범에 모두 위치하는 것입니다. 복사하면 같은 사진이 하나 더 생성되는 것이므로 스마트폰의 용량을 그만큼 더 차지하게 됩니다.

삭제하고 싶은 앨범을 길게 누르면 하단에 [삭제] 버튼이 나타납니다. [삭제]를 누르면 앨범과 앨범 내 사진이 모두 휴지통으로 이동합니다.

Tip │ 휴지통으로 이동한 사진은 30일이 지나기 전에 다시 복구할 수 있습니다.

11

갤러리 관리하기

❶ 앨범을 길게 누르면 하단에 여러 옵션이 나타나는데 그중 [더보기]를 눌러 [이름 변경]을 선택합니다.

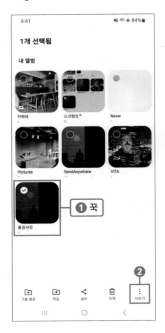 

❷ 이름을 입력한 후 [이름 변경] 버튼을 누르면 앨범의 이름이 변경됩니다.

04

사진 및 동영상 관리

스마트폰의 갤러리에는 내가 찍은 사진이나 동영상, 지인으로부터 전달받은 사진, 그리고 기타 앱에서 캡처한 이미지 등이 각각의 앨범에 여러 형태로 저장되어 있습니다. 그 사진 및 동영상들을 개별적으로 관리하고 활용하는 방법에 대해 알아보겠습니다.

무작정 따라하기 01 **사진 및 동영상 복제하기**

1 갤러리에서 복제하고 싶은 사진이나 동영상을 길게 눌러 선택한 후 우측 하단 [더보기]를 눌러 [앨범으로 복사]를 선택합니다.

❷ 앨범을 선택하면 사진이나 동영상이 해당 앨범으로 복사됩니다.

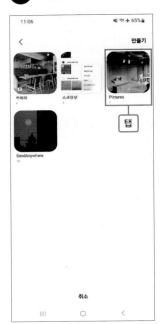

❸ 새 앨범을 만들어 복사하고 싶다면 우측 상단 [만들기]를 누른 후 새로운 앨범 이름을 입력하고 [추가]를 누릅니다.

다른 앨범으로 이동하기

❶ 옮기고 싶은 사진이나 동영상이 어느 앨범에 있는지 확인하고, 해당 앨범에서 사진이나 동영상을 길게 눌러 선택합니다. 그리고 우측 하단에 있는 [더보기]를 누릅니다.

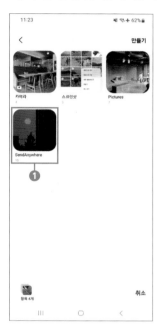

❷ [앨범으로 이동]을 선택한 후 사진을 옮길 앨범을 누르면 이동이 완료됩니다.

11

갤러리 관리하기

235

❸ 우측 상단 [만들기]를 눌러 새 앨범을 만든 후 그곳으로 이동시킬 수도 있습니다.

무작정 따라하기 03 **사진 및 동영상 공유하기**

❶ 내 갤러리에서 공유하고 싶은 사진이나 영상을 길게 눌러 선택한 후 하단의 [공유] 버튼을 누릅니다.

 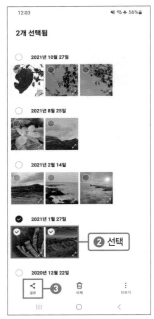

② 어떤 앱을 이용해 공유할지 선택할 수 있습니다. 하단의 앱 목록을 좌우로 스크롤하면 여러 앱을 볼 수 있죠. 만약 카카오톡으로 공유하고 싶다면 카카오톡을 누르고 친구나 채팅방을 선택한 후, 상단의 [확인]을 누릅니다.

05 상세정보 확인

갤러리에 있는 사진 및 동영상의 상세정보는 평소 확인할 일이 많지는 않지만, 정확히 언제 촬영하였는지 또 용량은 어떻게 되는지 확인하는 방법을 익혀 두면 좋습니다. 예를 들어, 동영상의 크기가 300MB가 넘으면 카카오톡으로 전송할 수 없습니다. 상세정보를 통해 이런 정보를 확인할 수 있다면 좋겠죠?

무작정 따라하기 01 **상세정보 확인하기**

1 갤러리에서 상세정보를 확인하고 싶은 사진이나 동영상을 누른 후 우측 하단의 ⋮ 버튼을 누르고 [상세정보]를 선택합니다.

2 촬영된 정확한 날짜와 시간, 파일 크기와 해상도, 카메라 정보 등을 확인할 수 있습니다. 우측 상단의 [편집] 버튼을 눌러 날짜 및 사진 파일의 이름을 바꿀 수도 있습니다.

06 사진 보정

내가 찍은 사진의 색감이나 밝기가 마음에 들지 않는 경우가 있습니다. 여러 가지 보정 앱이 있기는 하지만 어떤 앱을 받아야 할지도 모르겠고 사용법을 익히기도 쉽지 않습니다. 별도의 앱을 설치하지 않아도 내 갤러리에서 사진 보정이 가능하다는 것 알고 계셨나요? 지금부터 스마트폰의 갤러리 내에서 쉽게 사진을 보정하는 법에 대해 알아보겠습니다.

무작정 따라하기 01 〉 사진 세부 조정

1 갤러리에서 보정하고 싶은 사진을 누르면 하단에 연필 모양 [편집] ⟋ 버튼이 보입니다. 이 버튼을 눌러 편집 화면으로 이동합니다.

② 하단 중앙의 ☀ 버튼을 누르면 바로 위로 세부 조정 옵션이 나타납니다. 각 영역별로 하얀색 점을 드래그하며 조절해 줍니다. 보기 좋게 보정이 끝나면 우측 상단 [저장] 버튼을 누릅니다.

무작정 따라하기 02 ❭   **사진 필터 입히기**

① 같은 방법으로 보정하고 싶은 사진을 선택하고 하단의 [편집] ✎ 버튼을 누릅니다. 하단 [필터] ⚛ 버튼을 누르고 여러 가지 효과 중 한 가지를 선택합니다. 하얀색 점을 드래그해 강도를 조절하고 [저장] 버튼을 눌러 완료합니다.

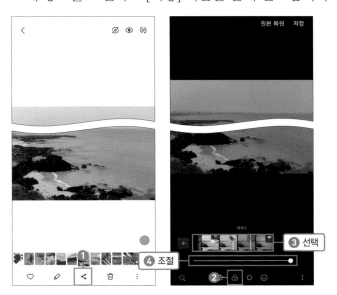

② 보정한 사진은 언제든지 원본으로 되돌려 놓을 수 있습니다. 보정한 사진 하단 [편집] ✎ 버튼을 선택해 편집 화면으로 들어가면 상단에 [원본 복원] 버튼이 보입니다.

③ 하단의 물음에 다시 한 번 [원본 복원]을 선택한 후 우측 상단 [저장]까지 완료하면 보정한 사진이 복원됩니다.

사진의 세부 조정이 복잡하게 느껴지는 경우, 자동 조정 기능을 이용해 봅시다. 좌측 하단 요술봉 모양 버튼을 선택하면 최적의 설정 값으로 조정을 해줍니다. 자동 조정이 마음에 든다면 [저장]을, 마음에 들지 않는다면 [원본 복원]을 선택합니다.

07 동영상 편집

동영상 역시 사진 보정과 같은 방법으로 조정하고 필터 효과를 적용할 수 있습니다. 또한 동영상은 사진과는 달리 내가 원하지 않는 장면이 들어가 있을 수 있죠. 이런 경우 편집을 통해 원하는 구간만 저장할 수 있습니다. 별도의 앱 없이 갤러리에서 쉽게 편집 가능합니다.

무작정 따라하기 01 **동영상 편집하기**

① 편집이 필요한 동영상을 선택한 다음 하단의 [편집] ✐ 버튼을 누릅니다. 하단 [자르기] ✂ 버튼을 누른 후 흰 테두리를 각각 드래그해 원하는 구간을 정합니다. 화면 하단의 [재생] 버튼을 눌러 구간을 확인합니다.

❷　구간 설정이 끝났으면 저장해 봅시다. 첫 번째는 우측 상단의 [저장] 버튼을 눌러 수
정된 원본을 저장하는 방법입니다.

❸　두 번째 방법은 하단의  버튼을 눌러 [다른 파일로 저장]을 선택해 따로 저장하는
방법입니다. 이렇게 하면 원본 영상은 그대로 유지되고 편집된 영상이 따로 저장됩니다.

잡깐만요!　동영상의 원본을 편집한 경우 언제든지 원본 상태로 복원할 수 있습니다.

다섯째 마당

스마트폰
활용 심화

12

"전 세계 사람들과 소통하는 세상"

유튜브 즐기기

요즘 TV 안 보는 사람은 있어도 유튜브 안 보는 사람은 드물 것입니다. 유튜브에는 오래 전의 희귀한 영상부터 최신 뉴스와 정보를 담은 따끈따끈한 영상까지 어마어마한 수의 콘텐츠가 업로드되어 있습니다. 지금 이 순간에도 실시간으로 많은 영상들이 업로드되고 있죠.

또한 누구나 자신이 촬영하거나 편집한 영상을 유튜브 채널에 업로드할 수 있습니다. 전 세계 사람들이 내 영상을 볼 수 있다니 정말 놀랍지 않나요? 조금만 알고 나면 훨씬 더 즐거운 유튜브, 지금부터 배워 보겠습니다.

QR 코드를 스마트폰 카메라로 비추어 저자의 영상 강의를 시청해 보세요. ▶

스마트폰의 '유튜브(YouTube)' 앱을 열고, 하단의 기본 메뉴 [홈], [Shorts], [구독], [보관함] 이렇게 네 가지를 먼저 살펴보겠습니다.

1 홈 메뉴

하단 메뉴 첫번째 [홈]을 누르면 나의 관심사를 분석하여 추천 영상을 보여 줍니다. 나의 검색 데이터나 시청 데이터를 복합적으로, 또 지속적으로 수집하여 내가 관심 가질 만한 영상을 추천해 주는 것입니다.

잠깐만요! 화면에 보이는 이미지는 영상을 대표하는 미리보기 이미지, 일명 '썸네일'입니다. 영상을 업로드하는 사용자가 '썸네일' 이미지를 별도로 디자인하여 영상과 함께 업로드하는 경우가 많습니다.

2 Shorts(쇼츠) 메뉴

유튜브에서는 1분 미만의 세로 영상을 'Shorts(쇼츠)'라고 하는데, 이 영상들만 모아서 볼 수 있는 메뉴가 [Shorts]입니다. 화면을 아래에서 위로 넘길 때마다 새로운 영상이 나타납니다.

> **Tip** | Shorts 영상을 보다가 화면을 더블 클릭하면 영상에 '좋아요'가 표시됩니다.

3 구독 메뉴

[구독] 메뉴에는 내가 구독하는 채널들과 그 채널에서 업로드하는 영상들만 나타납니다. 관심 있는 채널을 '구독'해 놓는 것이 좋은 이유입니다. 구독 방법은 254쪽에서 알아보겠습니다.

4 보관함 메뉴

[보관함]의 '기록' 항목에는 내가 시청한 영상들이 저장되어 있기 때문에 특정 영상을 다시 보고 싶을 때 유용하게 활용할 수 있습니다. 또한 나만의 '재생목록'을 만들어 원하는 영상들을 모아 둘 수도 있으며, '내 동영상'에서 내가 업로드한 영상을 확인할 수 있습니다. 차근차근 뒤에서 방법을 알아보겠습니다.

02 유튜브 구독, 좋아요, 댓글

유튜브 영상을 보다가 마음에 들었다면 '채널 구독', '영상에 좋아요 누르기', '영상에 댓글 달기' 등으로 마음을 표시해 보세요.

무작정 따라하기 01 〈 **유튜브 채널 구독하기**

1 영상을 눌러 들어가면 채널명 오른쪽에 [구독] 버튼이 보입니다. [구독] 버튼을 누르면 하단에 '구독이 추가되었습니다'라는 문구가 나타나며, 종 모양의 버튼으로 바뀝니다. 해당 채널이 구독된 것입니다.

② 종 모양 🔔 버튼을 누르면 [알림 설정]이나 [구독 취소]가 가능합니다.

② 선택

무작정 따라하기 02 **유튜브 영상에 좋아요 누르기**

① 영상을 시청하다가 영상이 마음에 들면 엄지손가락 모양의 [좋아요] 👍 버튼을 누르세요. 이 버튼을 눌러 영상을 업로드한 사람에게 영상이 좋았다는 표현을 할 수 있습니다.

12

유튜브 즐기기

② '좋아요'를 누른 영상은 하단 메뉴 [보관함] - [재생목록]에 '좋아요 표시한 동영상'에 자동 포함되니 나중에 모아서 볼 수도 있습니다.

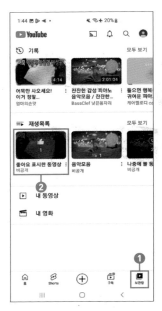
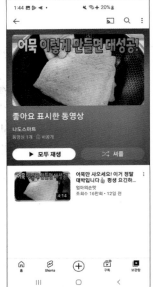

유튜브 영상에 댓글 남기기

① 영상 시청 화면에서 [댓글] 부분을 누르면 하단에 '댓글 추가' 칸이 보입니다. 그 부분을 눌러서 하고 싶은 말을 댓글로 적어 줍니다.

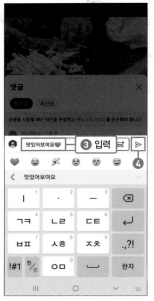

2 나의 채널명과 댓글 내용이 전체 공개됩니다. 작성한 댓글을 수정하거나 지우고 싶으면 댓글 오른쪽의 ⋮를 누르고 [수정]이나 [삭제]를 누릅니다.

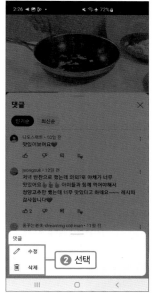

Tip │ 채널명 변경 방법은 260쪽에서 다루겠습니다.

잠깐만요! 카카오톡으로 유튜브 영상 링크를 받아서 열었을 때는 보통 유튜브 로그인이 되어 있지 않아 구독, 좋아요, 댓글 등의 반응을 할 수가 없습니다.

로그인을 해도 되지만, 오른쪽 아래의 ⋮를 누르고 [다른 브라우저로 열기]를 선택하면 유튜브 앱을 통해 영상이 다시 열립니다. 보통 유튜브 앱에는 로그인이 되어 있기 때문에 구독, 좋아요, 댓글 표시가 가능합니다.

유튜브를 보다 보면 지금 당장은 아니지만 나중에 보고 싶은 영상도 있을 것입니다. 또, 이미 시청한 영상이지만 나만의 목록에 소장하고 싶은 영상도 있을 것입니다. 이 때 활용할 수 있는 것이 '재생목록' 기능입니다.

무작정 따라하기 01 '나중에 볼 동영상' 목록 활용하기

❶ 영상 시청 화면의 메뉴 오른쪽 끝에 [저장] 버튼이 있습니다. 이 버튼을 누르면 '나중에 볼 동영상' 재생목록에 영상이 추가되었다는 메시지가 나타납니다.

② 하단 [보관함] - [나중에 볼 동영상]을 누르면 저장한 영상이 보일 것입니다. 영상 오른쪽 끝의 ⋮를 누르면 다른 재생목록에 저장하거나 '나중에 볼 동영상' 목록에서 삭제하는 등의 메뉴가 나타납니다.

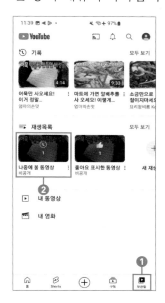
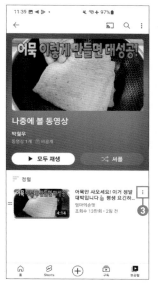
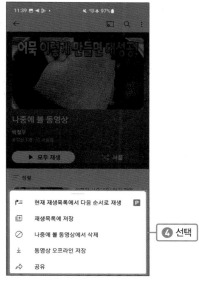

재생목록 만들기

① [나중에 볼 동영상]에 있는 영상을 별도의 재생목록에 모으고 싶다면 ⋮를 누르고 [재생목록에 저장]을 선택합니다. 새로운 재생목록을 만들기 위해 [+ 새 재생목록]을 선택합니다.

12

유튜브 즐기기

2 새 재생목록 이름을 '음악모음'으로 짓고, 공개 상태는 '비공개'로 하여 [만들기]를 눌러 보겠습니다. 하단에 '재생목록이 생성되었습니다'라는 메시지가 보이며, [목록 보기]를 누르면 새로 생성한 재생목록이 나타납니다.

3 유튜브를 보다가 재생목록에 넣어 두고 싶은 영상이 있다면 썸네일 제목 오른쪽의 ⋮ 버튼을 눌러 바로 추가할 수도 있습니다. [재생목록에 저장]을 눌러 영상을 저장할 재생목록을 선택하면 됩니다.

04 유튜브에 영상 업로드하기

유튜브를 시청자로서 보기만 한다면 유튜브의 즐거움을 절반만 누리고 있는 것입니다. 내 유튜브 채널에 영상을 업로드하여 다른 사람들과 소통하는 즐거움을 느껴 보세요!

무작정 따라하기 01 · 내 채널 확인하기

1 유튜브 채널을 만드는 것은 너무나 쉬운 일입니다. 심지어 대부분의 사람들이 이미 유튜브 채널을 갖고 있답니다. 유튜브 홈 화면에서 오른쪽 상단의 프로필 버튼을 눌러보면 [내 채널] 메뉴가 있을 것입니다. 만약 [채널 만들기]라는 문구로 보인다면 채널을 활성화 해주면 됩니다. 여러분의 채널 확인하셨나요?

❶ 내 채널 홈에서 🖉 버튼을 누르면 '채널 설정' 메뉴로 진입합니다. 이름 오른쪽의 🖉 버튼을 눌러 원하는 채널명을 적고 [저장]을 누릅니다.

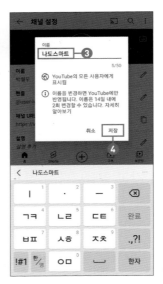

❷ '핸들' 항목의 연필 모양 버튼을 눌러 일종의 아이디를 지정합니다. 공백 없이 영어로만 생성해야 하며, 누군가가 이미 사용하고 있다면 사용할 수 없습니다. 핸들은 내 채널 고유의 주소에 사용되는데, 만약 핸들을 '@iwannabesmart'라고 지정했다면 채널의 주소는 'youtube.com/@iwannabesmart'가 됩니다. 중복되지 않는 핸들이라면 [저장]을 누릅니다.

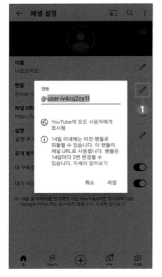

❸ 상단에 카메라 모양의 버튼이 두 개 있는데, 가운데 동그란 이미지의 카메라 버튼을 먼저 눌러서 내 채널의 '프로필 사진'을 등록해 보겠습니다. 원하는 사진을 선택한 후, 동그란 부분에 맞게 두 손가락으로 조정하고 [프로필 사진으로 저장]을 누릅니다.

❹ 상단 가로 이미지 오른쪽의 카메라 버튼을 누르고 [내 사진에서 선택]을 누릅니다. 사진을 선택하면 '채널 배너 이미지'로 등록이 되는데, 원래 사진이 어떤 비율이든 일부분만 잘려서 보이기 때문에 되도록 가로로 촬영한 이미지를 선택하는 것이 낫습니다.

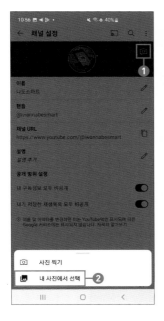

5 [채널 설정] 페이지에서 빠져나가면 내 채널의 대문 이미지가 상단에 크게 나타납니다.

내 채널에 영상 업로드하기

1 내 채널 하단 중앙의 ⊕ 버튼을 누른 후 [동영상 업로드]를 선택합니다. 사진첩의 동영상이 보일 텐데, 만약 '엑세스 허용'이라는 문구가 먼저 보인다면 사진첩 접근을 허용해야 합니다.

262

② 업로드하고자 하는 영상을 선택한 후 하단 오른쪽의 [다음]을 누르면 [세부정보 추가]를 작성하는 화면이 나타납니다.

> **잠깐만요!** 영상을 올렸는데 위의 오른쪽 이미지와 다르게 보이는 경우가 있을 것입니다. 1분 미만인 세로 영상은 'Shorts'라는 카테고리로 분류되기 때문입니다. 뒤에서 Shorts 영상을 업로드하는 경우에 대해서도 설명하겠습니다. 여기에서는 영상의 길이가 1분 이상이거나, 가로로 된 영상으로 업로드해 보시죠!

③ 영상을 표현하는 한 줄의 멋진 문장을 [제목]에 적고, [공개 상태]를 누릅니다. '일부 공개'는 링크를 공유받은 사람만 볼 수 있는 공개 설정입니다. 왼쪽 상단의 화살표를 눌러 메뉴를 빠져나갑니다.

❹ '세부정보 추가' 화면에서 [다음]을 누른 후, '시청자층 선택' 화면에서 아동용 동영상 여부를 선택하면 됩니다. 아래 [동영상 업로드]를 누르면 업로드가 진행됩니다.

 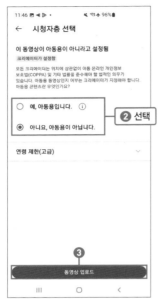

> **잠깐만요!** '아동용' 동영상 여부를 체크하는 이유는 아동들이 수익 창출에 이용되지 않도록 막기 위함입니다. 아동이 출연하거나 아동 시청자를 대상으로 만들어지는 영상은 '아동용'으로 분류하게 되어 있으며, 이렇게 분류된 영상은 광고 수익을 창출할 수 없으며 댓글 기능이 차단됩니다.

무작정 따라하기 04 ‹ 업로드한 영상 공유하기

❶ [내 채널] 홈에서는 '공개'로 설정하여 업로드한 영상만 보이기 때문에 '일부 공개'로 업로드한 영상은 보이지 않습니다. [동영상 관리]를 누르고 업로드한 영상 전체 목록으로 들어갑니다. '조회수 없음'이라는 문구가 보여야 업로드가 완료된 것입니다.

❷ 동영상 오른쪽의 ⋮ 버튼을 누르면 메뉴가 나타나는데, [수정]을 누르면 영상의 정보 수정이, [삭제]를 누르면 영상 삭제가 가능합니다. 업로드한 영상을 공유하기 위해 [동영상 공유]를 선택합니다. 공유 목록 중 카카오톡을 선택하여 친구에게 영상의 링크를 전달해 봅니다.

Shorts 영상 업로드하기

❶ [내 채널] 홈 하단 중앙의 ⊕ 버튼을 눌러 [동영상 업로드]를 누른 후, 1분 미만의 세로 영상을 선택해 봅니다. 오른쪽 하단의 [다음]을 누르고, 이어진 화면에서 오른쪽 상단의 [다음]을 누릅니다.

2 하단의 [다음]을 누르고, 이어진 화면에서 오른쪽 상단의 [다음]을 누릅니다.

잠깐만요! 업로드 화면의 하단에 여러 메뉴들이 보입니다. [사운드]는 영상에 음악을 넣을 수 있는 기능, [텍스트]는 영상에 글자를 넣을 수 있는 기능, [필터]는 영상에 색이나 스타일을 입히는 기능입니다.

영상 편집을 제대로 해보고 싶다면 여기에 제공되는 기능보다는 별도의 앱 사용하는 것을 권장합니다. 대표적인 스마트폰 영상 편집 앱으로는 '키네마스터', 'VLLO', '캡컷' 등이 있습니다.

❸ 이어지는 [세부정보 추가] 화면에서 [제목]에 영상의 제목을 적습니다. [공개 상태] 메뉴를 눌러 원하는 공개 설정을 선택한 후, [시청자층 선택] 메뉴도 눌러 아동용 영상인지 아닌지를 체크합니다. 하단의 [Shorts 동영상 업로드]를 누르면 업로드가 진행됩니다.

❹ [내 채널]의 [동영상 관리]로 들어가 업로드한 영상을 확인합니다. 'OO% 처리되었습니다' 또는 'OO초 남음'과 같은 문구가 보인다면 아직 업로드가 진행중인 것이고, '조회수 없음'이라는 문구가 보인다면 업로드가 완료된 것입니다. Shorts 영상에는 미리보기 이미지 오른쪽 하단에 ⚡ 모양의 로고가 표시됩니다.

> **Tip** | 동영상을 업로드하는 데 걸리는 시간은 영상의 길이, 접속되어 있는 네트워크의 속도 등에 따라 달라집니다.

13

"이메일로 차분히 전해보는 마음"
스마트폰으로 이메일 활용하기

요즘엔 카카오톡이나 SNS로 언제든 편하게 소통할 수 있는 시대이기에, 오히려 손편지를 쓰거나 이메일을 보내는 기회가 거의 없다시피 합니다. 이번 기회에 스마트폰으로 이메일 보내는 기능을 익혀 보며, 오랜만에 누군가에게 차분히 내 마음을 전해보는 건 어떨까요?

가장 많이 사용하는 네이버, 구글을 이용해 메일을 주고받는 방법을 알아보겠습니다. 평소에 전하지 못했던 마음을 이메일로 전달할 수 있는 좋은 기회가 될 거예요.

QR 코드를 스마트폰 카메라로 비추어 저자의 영상 강의를 시청해 보세요. ▶

01 이메일 앱 설치 및 설정

이메일을 보내려면 이메일 계정이 있어야 합니다. 한국인이 가장 많이 사용하는 네이버와 구글의 계정을 만들어 활용해 보겠습니다.

무작정 따라하기 01 〈   네이버 이메일 앱 설치하기

❶   Play 스토어 앱을 열고 '네이버메일'을 검색해 [설치] 버튼을 누르세요. 설치가 완료되면 [열기]를 누릅니다.

1 앱을 열면 '아이디'와 '비밀번호'를 적는 로그인 화면이 나타납니다. 기존에 아이디를 갖고 있다면 입력하고, 아이디가 없다면 오른쪽 하단의 [회원가입]을 누릅니다. 이어지는 화면에서 '전체 동의하기'에 체크하거나, '필수'라고 표시된 항목에만 체크해도 됩니다. 하단의 [다음]을 선택합니다.

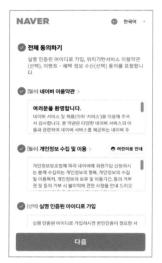

2 아이디와 비밀번호를 정해 입력하고 모든 빈칸을 채운 후 하단 [인증요청] 버튼을 누르면 휴대폰 문자메시지로 6자리 인증번호가 옵니다. [인증번호 6자리 입력] 부분에 인증번호를 적고 확인합니다.

> **Tip** │ 아이디는 5~20자 영문 소문자, 숫자, 특수기호(- 또는 _)로 구성해야 하며, 누군가가 이미 사용하고 있는 아이디는 사용 불가입니다. 비밀번호는 8~16자 영문 대소문자, 숫자, 특수문자로 구성해야 합니다.

❸ 이후 안내되는 창은 확인해도 되고 하단의 [바로가기]를 눌러 넘어가도 됩니다. '받은 메일함'이 열리는데, 이메일 계정을 처음 만든 분이라면 받은 메일함에 네이버 안내 메일 등의 몇 개만 보일 것입니다.

무작정 따라하기 03 ᐸ ## 구글 Gmail 앱 찾기

❶ 스마트폰 화면을 아래에서 위로 드래그하면 상단에 검색창이 나타납니다. 'gmail'이라고 검색해 보면 기본적으로 설치된 구글 이메일 앱이 보입니다. 앱 아이콘을 길게 눌러 [앱 위치 찾기]를 선택하면 내 스마트폰의 어느 폴더에 'Gmail' 앱이 있는지 확인 가능합니다.

① 앱을 열고 하단의 [확인]을 누르면, 스마트폰과 연결된 구글 계정이 보입니다. 이중 원하는 계정이 없다면 하단의 [다른 이메일 주소 추가]를 선택하고 다음 화면에서 [Goo-gle]을 누릅니다.

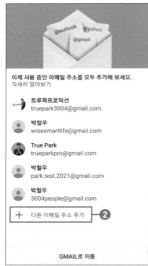

② [로그인] 화면에서 본인의 이메일을 입력하거나, 왼쪽 하단의 [계정 만들기]를 눌러 계정을 새로 만들 수도 있습니다. 로그인하면 기본으로 '받은 메일함'이 보입니다.

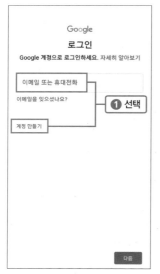

02 이메일 보내기

이메일 주소를 아는 가족, 친구, 지인 등에게 이메일을 보내 보겠습니다. 평소에 전하고 싶은 메시지가 있는 사람 또는 오랜만에 안부를 전하고 싶은 사람의 이메일을 미리 물어서 알아 둡니다.

무작정 따라하기 01 〈 네이버 이메일로 메일 보내기

❶ 네이버 받은메일함에서 오른쪽 하단 📝 버튼을 누르면 '메일 쓰기' 화면으로 이어집니다. '받는 사람'을 누르면 내 연락처에 엑세스하도록 허용할 것인지 묻는 메시지가 나타납니다. 앞으로 연락처에 있는 친구들과 이메일 교류를 많이 할 예정이라면 [허용]을 권장합니다.

② '받는 사람'에 상대방의 이메일을 정확히 적고, 제목과 내용을 입력합니다.

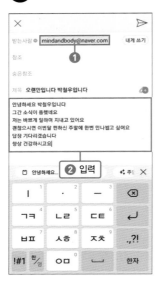

③ 제목 오른쪽 버튼을 누르면 파일을 첨부할 수 있습니다. 해당 버튼을 누르면 오른쪽 상단의 첨부 파일 종류를 나타내는 네 개의 버튼이 보이는데 첫번째 [사진] 버튼을 눌러 봅니다. 갤러리 접근을 허용해야 합니다.

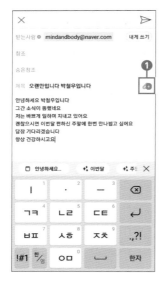  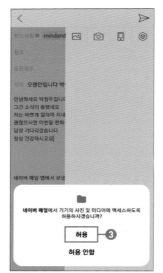

④ 갤러리가 열리면 사진을 선택해 보겠습니다. 사진이 첨부된 것을 확인하고 오른쪽 상단 ▷ 버튼을 누르면 메일이 전송됩니다.

⑤ 보낸메일함으로 이동되고, 하단에 '메일을 성공적으로 보냈습니다'라는 메시지가 보입니다. 해당 메일을 눌러 보낸 내용을 다시 확인할 수 있습니다.

네이버 이메일로 보낸 메일 확인하기

왼쪽 상단 메뉴 버튼을 눌러 '보낸메일함' 오른쪽의 [수신확인]을 누릅니다. 목록에서 방금 보낸 메일을 선택하면 상대방이 읽었는지 알 수 있습니다. 오른쪽 상단에 '안읽음'으로 표시된 상태라면 [발송 취소]를 눌러 메일을 취소할 수 있습니다.

Tip | 수신 확인도, 발송 취소도 할 수 없는 이메일 계정이 있을 수도 있습니다.

구글 Gmail로 메일 보내기

❶ '받은 메일' 목록에서 오른쪽 하단의 [편지 쓰기]를 누릅니다. 받을 사람의 이메일 주소를 입력한 후, 제목과 내용을 기입합니다.

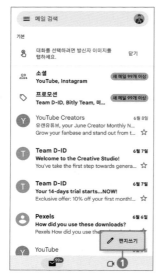 

2 내용을 작성한 후, 오른쪽 상단의 ✐ 버튼을 눌러 사진 등 파일을 첨부해 봅시다. 또한 오른쪽 끝 ⋮ 버튼을 누르면 여러가지 기능이 나오는데, [보내기 예약] 정도가 유용할 것 같습니다.

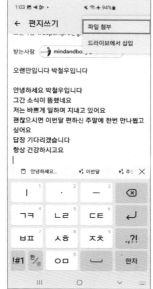
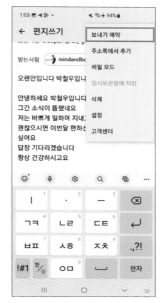

3 오른쪽 상단 ▷ 버튼을 누르면 이메일이 상대방에게 전송되며, 하단에는 '전송됨'이라는 표시가 보입니다. 이 메시지가 사라지기 전 [실행 취소]를 누르면 전송이 취소됩니다.

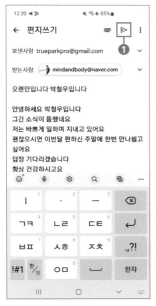

03 이메일 답장 및 삭제하기

받은 이메일을 확인하고, 또 다른 사람에게 이메일을 보내 보았습니다. 이제 받은 이메일에 답장을 하거나 전달하는 방법, 그리고 필요 없는 이메일을 삭제하는 방법에 대해 알아보겠습니다.

무작정 따라하기 01 ⟨ 네이버 받은 메일에 답장하기

받은 메일을 보다가 [답장]이나 [전달]을 하고 싶을 때에는 오른쪽 상단의 ⟨⟩ 버튼을 눌러서 세 항목 중 선택하면 됩니다.

> 잠깐만요! [답장]은 보낸 사람에게 다시 전송하는 것이고, [전체 답장]은 보낸 사람이 '참조'로 다른 사람들의 이메일을 입력하여 전송하였을 경우 모두에게 답장하는 것입니다. [전달]은 제3자에게 해당 이메일을 그대로 보내는 것입니다.

네이버 받은 메일 삭제하기

1 메일을 열어서 보다가 삭제하고 싶을 경우, 오른쪽 상단의 [삭제] 🗑 버튼을 누릅니다.

2 이메일을 지워도 해서 완전히 사라지지 않고 휴지통에 남아 있습니다. 왼쪽 상단의 메뉴 버튼을 누르고 [휴지통]으로 들어갑니다.

❸ 지울 이메일을 길게 눌러 선택합니다. 전체를 한번에 선택하려면 오른쪽 상단의  버튼을 누르면 됩니다. 세 번째 🗑 버튼을 눌러 휴지통을 비웠습니다.

구글 Gmail 답장하기 또는 전달하기

Gmail에서 받은 메일을 열어 보면 하단에 [답장] 또는 [전달]할 수 있는 버튼이 바로 보입니다. 이메일을 받은 즉시 [답장]하거나 다른 사람의 이메일 주소로 [전달]도 가능합니다.

❶ 받은 메일 오른쪽 상단의 휴지통 버튼을 누르면 이메일이 삭제되어 [휴지통]에 보관됩니다.

❷ 메일함 목록에서 [휴지통]에 들어가 [지금 휴지통 비우기]를 누르면 휴지통에 있는 이메일들이 한번에 삭제됩니다.

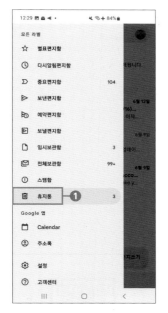
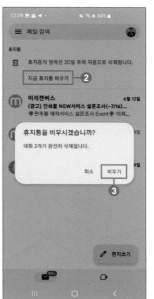

13

스마트폰으로 이메일 활용하기

14

"내 일상을 더욱 풍요롭게!"
스마트폰 활용 심화

스마트폰의 가장 큰 장점 중 하나는 바로 접근성이 뛰어나다는 것입니다. 언제 어디서든 스마트폰을 꺼내 할 일을 처리할 수 있죠.

여행, 쇼핑, 배달 주문, 결제 등 생활에 필수적인 일 대부분을 스마트폰 안으로 해결할 수 있는 시대가 되었습니다. 그런 만큼, 스마트폰 앱으로 일을 처리하는 것이 '기본'이 되었기 때문에 해당 기능을 다루지 못하는 경우 매우 큰 불편함을 겪게 되기도 합니다. 이번 시간에는 일상에서 활용도가 높은 몇 가지 앱의 활용법에 대해서 알아보겠습니다. 몇 가지 기능만 익혀 두면 당황하지 않을 수 있으니 차근차근 따라와 보세요.

QR 코드를 스마트폰 카메라로 비추어 저자의 영상 강의를 시청해 보세요. ▶

01 네이버 지도 앱을 활용한 길 찾기

네이버 지도 앱은 지도, 길 찾기 및 내비게이션 기능을 제공합니다. 네이버 앱과 연계해서 사용하면 더욱 편리하게 활용할 수 있습니다.

무작정 따라하기 01 〈 네이버 지도 앱 받기

1 플레이 스토어 앱에서 '네이버 지도'를 검색하고 설치합니다.

14

스마트폰 활용 심화

283

②　네이버 지도 앱을 열면 권한 허용 물음이 여러 개 뜹니다. 알림 여부는 각자 선택하되, '위치 액세스'는 반드시 허용해야 앱을 이용할 수 있습니다.

무작정 따라하기 02 〈　**네이버 지도로 길 찾기**

①　네이버 지도 앱을 실행하면 현재 내 위치가 파란색 점으로 표시됩니다. 검색 창 아래 메뉴를 이용해 내 주변의 음식점, 카페, 주유소 등을 검색할 수 있으며, 화면의 하단에는 대중교통 검색 및 내비게이션 버튼도 있습니다.

❷ 상단의 검색 창을 터치하여 목적지를 검색하고 하단의 목록에서 도착 장소를 선택합니다. 그 다음 목적지의 위치를 지도로 확인하고 우측 하단의 [도착]을 선택합니다.

❸ 상단의 첫 번째 주소가 내 현 위치이고 그 아래가 목적지입니다. 버스, 자동차, 도보, 자전거 등 이동 수단에 따라 길을 안내 받을 수 있습니다. 원하는 이동 수단을 선택하면 시간과 거리 및 경로를 확인할 수 있습니다.

네이버 앱에서 식당이나 여행지를 검색하는 경우가 있는데, 이런 경우에도 네이버 지도에서 바로 위치 정보를 알아볼 수 있습니다. 예를 들어 네이버 앱에서 '서울타워'를 검색하고 [길찾기] 버튼을 누르면 바로 네이버 지도 앱이 열리며 내비게이션으로 활용할 수 있습니다.

스마트폰 앱을 활용한 쇼핑은 굉장히 대중화되었습니다. 클릭 몇 번만으로 원하는 제품을 검색하고 구매할 수 있어서 매우 편리하죠.

많은 쇼핑 앱이 있지만 그중 가장 대표적인 쿠팡 앱의 사용법을 알아보겠습니다.

무작정 따라하기 01 **쿠팡 앱 설치 및 로그인**

1 플레이 스토어에서 '쿠팡'을 검색하고 설치를 진행합니다.

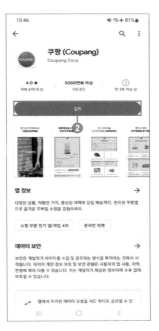

② 알림 허용 여부를 선택하고 권한 안내 [확인]을 누르면 앱의 홈이 열립니다.

③ 화면의 하단의 [마이쿠팡] 메뉴에 들어가 [로그인] 버튼을 누릅니다. 최초 사용자라면 로그인 화면 하단의 [회원가입] 버튼을 누릅니다.

4 차례대로 이메일과 비밀번호, 이름과 전화번호를 입력하고 '필수' 약관에 체크합니다. '선택' 약관은 반드시 체크하지 않아도 됩니다. [동의하고 가입하기]를 누르면 회원가입이 완료됩니다.

쿠팡 앱 쇼핑 및 결제

1 화면 상단의 검색 창을 터치해 구매할 상품을 입력합니다. 입력이 끝난 후 돋보기 버튼을 누르면 다양한 상품 목록을 볼 수 있습니다.

14

스마트폰 활용 심화

상품 이미지 오른쪽에 가격과 배송 날짜 및 배송료 정보가 표시됩니다.

'로켓배송'은 다음날 도착하는 무료 배송 서비스로 19,800원 이상 구매해야 배송이 가능합니다. '로켓와우'는 더 빠른 무료배송 및 그 밖의 다양한 혜택을 받는 멤버십 서비스로, 2023년 7월 기준 월 4,990원을 지불하면 이용할 수 있습니다.

❷ 로켓배송 상품을 구매해 보겠습니다. 로켓배송은 최소 금액 이상 구매해야 배송 가능하기 때문에 최소 금액이 넘는 상품을 구매하거나, 상품 여러 개를 장바구니에 담아 금액을 채워야 합니다. 상품을 선택하고 하단의 [구매하기] 버튼을 누릅니다.

❸ 하단의 배송 날짜 선택을 볼까요? '오늘 도착'은 유료 멤버십 서비스이므로 그 위의 '내일 도착'을 선택합니다. [장바구니 담기] 버튼을 눌러 장바구니에 상품을 담습니다.

❹ 우측 상단 장바구니 모양 아이콘을 보면, 숫자 '1'이 표시됩니다. 한 개의 상품이 담겼다는 의미입니다. 이 버튼을 눌러 장바구니로 이동한 후, 도착 날짜와 상품 수량 등의 정보를 확인하고 하단의 [구매하기] 버튼을 누릅니다.

5 최초 구매 시 입력해야 하는 정보가 있습니다. 첫 번째로 [본인 인증하기] 버튼을 클릭합니다. 내 정보를 입력하고 문자메시지를 통한 인증번호 인증을 진행합니다.

6 배송지를 선택하고 이름 및 주소 정보를 입력합니다. 그리고 아래 작은 글씨의 '기본 배송지로 선택'에 체크하고 [저장]을 누릅니다.

7 입력한 배송지를 확인하고 [선택] 버튼을 누르면 배송지 등록이 완료됩니다.

8 [결제수단] 항목을 선택합니다. 무통장 입금으로 결제할 수도 있지만 카드를 등록하면 결제가 간편해집니다. '신용/체크카드'를 선택하고 [카드 선택]을 누릅니다. 가지고 있는 카드의 종류를 선택한 후 '기본 결제수단으로 사용'에 체크하고 [선택완료]를 누릅니다.

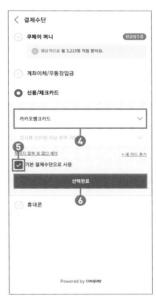

9 하단의 [결제하기] 버튼을 누르면 카드를 스캔하는 카메라가 열립니다. 실물 카드를 준비하고 카드 일련번호가 보이도록 카메라를 위치시키면 자동으로 촬영됩니다.

10 자동 인식된 카드 정보를 확인하고 추가 정보를 입력합니다. 하단의 정보 제공에 체크하고 [등록하고 결제하기] 버튼을 누르면 주문이 완료됩니다.

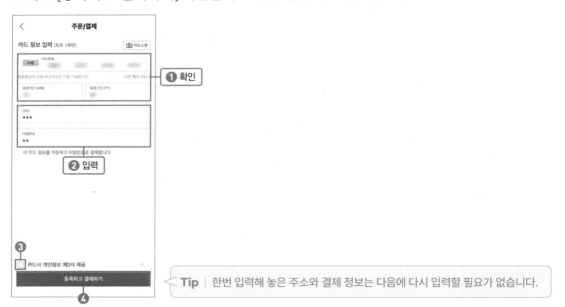

Tip | 한번 입력해 놓은 주소와 결제 정보는 다음에 다시 입력할 필요가 없습니다.

우리나라의 배달 문화는 세계적으로도 유명하죠. 이제는 전화 주문을 넘어서 앱으로 주문하는 시대입니다. 배달 앱 역시 종류가 다양하지만, 이 책에서는 가장 유명한 '배달의 민족' 앱을 활용하여 음식을 주문하고 배달 받는 방법에 대해 알아보겠습니다.

무작정 따라하기 01 〈 배달의 민족 앱 설치 및 가입

1 플레이 스토어에서 '배달의 민족' 앱을 설치합니다.

14

스마트폰 활용 심화

② 접근 허용 메시지에 [확인]을 누르고 알림 허용 여부를 선택합니다. 그리고 사진 및 동영상 액세스 허용 여부를 선택한 후, 필수 약관에 체크하고 [시작하기] 버튼을 누릅니다.

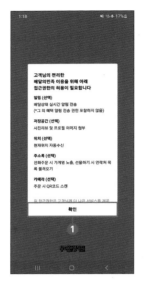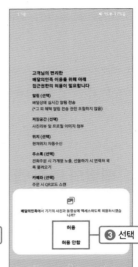

③ 주소 검색 창을 터치하여 주소를 번지까지 입력하고 키보드 자판의 🔍 버튼을 누릅니다. 검색 결과 중 알맞은 주소를 선택하고 나머지 상세 주소까지 입력한 뒤 [완료]를 눌러 주소 등록을 마칩니다.

④ 홈 화면 우측 상단  버튼을 누르면 'My 배민' 화면이 보입니다. [로그인해주세요]를 눌러 회원가입을 진행합니다. 기존의 회원이라면 로그인하면 되고, 처음 가입이라면 화면 하단 오른쪽 [회원가입] 버튼을 선택합니다. 다른 플랫폼(페이스북, 네이버 등)을 통해 로그인도 가능합니다.

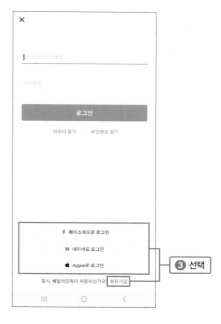

⑤ 약관 필수 정보에 체크하고 하단의 [다음] 버튼을 누릅니다. 그리고 [휴대폰 인증하기] 버튼을 누르고 내 통신사를 선택해 휴대폰 본인 인증을 진행합니다.

6 이어지는 약관의 화면에서 전체동의에 체크하고 하단의 [다음] 버튼을 누릅니다. 이름과 생년월일, 전화번호를 입력하고 [인증번호 요청]을 합니다. 문자로 전달되는 6자리 인증번호를 입력하고 [확인]을 누릅니다.

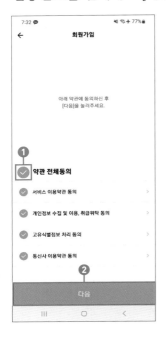

7 전화인증이 확인되면 [다음] 버튼을 눌러 다음으로 넘어갑니다. 이메일을 입력하고 [확인]을 누르면 해당 메일로 4자리 인증번호가 전송됩니다. 메일을 확인하여 전달된 인증번호를 입력합니다.

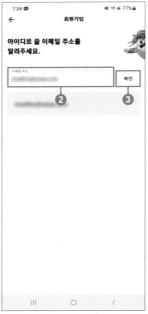

8 이어서 닉네임과 비밀번호를 입력하고 [확인]을 누르면 하단에 [가입 완료하기] 버튼이 나타납니다.

9 가입 축하 메시지를 확인하고 하단의 [배민 시작하기]를 누릅니다. [완료하기] 버튼을 누르면 회원가입이 완료됩니다.

❶ 홈 화면 우측 상단 🎯 버튼을 누르면 'My 배민' 화면이 나타납니다. 아래 [배민 페이] 메뉴를 선택하고 다음 화면에서 [배민페이 시작하기] 버튼을 누릅니다.

❷ 계좌 등록 또는 카드 등록이 가능한데 여기에서는 카드 등록을 해보겠습니다. [카드 등록하기]를 선택하고 약관에 [동의 후 진행하기] 버튼을 누릅니다. 등록할 카드 정보를 모두 입력 후 [카드 등록하기] 버튼을 누릅니다.

❸ 마지막으로 결제 시 입력할 6자리 비밀번호를 생성합니다. 주문 결제 시 입력하는 비밀번호이니 잘 기억해야 합니다. 비밀번호 등록까지 마치면 카드 등록이 완료됩니다.

배달 주문하기

❶ 배달의 민족 앱의 홈 화면에서 [배달] 메뉴를 선택해 내 집 주변의 배달 업체를 살펴볼 수도 있고, 상단의 검색 창을 통해 음식 메뉴를 찾아볼 수도 있습니다. 먹고 싶은 음식을 검색 창에 입력하고 🔍 버튼을 눌러 볼까요? 각 음식점의 최소 주문금액과 배달팁을 확인하고 음식점을 고르면 됩니다.

❷ 음식점을 눌러 먹고 싶은 메뉴를 선택합니다. 메뉴를 선택하고 하단 [담기] 버튼을 누릅니다. 주문금액이 업체의 최소 주문금액 이하라면 다른 메뉴를 더 담아야 합니다.

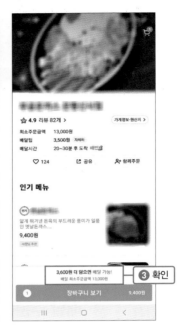

❸ 최소 주문금액 이상의 음식을 담은 후 하단의 [장바구니 보기]를 눌러 장바구니로 이동합니다. 주문한 메뉴와 금액을 확인한 후 하단의 [배달 주문하기] 버튼을 누릅니다.

④ 주소와 번화번호 등 정보를 확인하고 화면을 아래로 내려 결제 수단을 선택합니다. 앞서 결제 수단으로 등록한 카드를 선택하고 '위 내용에 모두 동의합니다.'에 체크한 후 맨 아래 [결제하기]를 누릅니다. 미리 등록했던 비밀번호를 입력하면 결제가 완료됩니다.

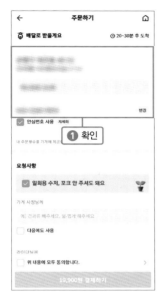  

⑤ 결제가 완료되면 배달의 민족 앱 내에서 실시간으로 배달 현황을 확인할 수 있습니다.

더 이상 물어볼 필요 없어요!

친절한 욜디쌤과 함께
새롭게 시작하는 디지털 일상!

일상에 힘이 되는
컴퓨터 기초 체력 기르기

- 기초부터 차근차근 왕초보 가이드
- 어디에도 없는 친절한 동영상 강의
- 컴퓨터 설정, 인터넷 검색, 카카오톡 활용까지

곽은지 지음 | 18,000원

새로운 일상이 시작되는
유튜브 100% 즐기기

- 유튜브 가입부터 채널 개설까지
- 기초부터 차근차근 왕초보 가이드
- 어디에도 없는 친절한 동영상 강의

곽은지 지음 | 18,000원